厚大 法考

2021年国家法律职业资格考试

Business Law

鄢梦萱讲商法

主观题 冲刺一本通

鄢梦萱◎编著　厚大出品

中国政法大学出版社

把每一个黎明看作生命的开始

——致亲爱的考生朋友

如果问哪个群体会真正认真地学习法律，我想答案可能是备战法考的考生。

当厚大的老总力邀我们全力投入法考的培训事业，他最打动我们的一句话就是：这是一个远比象牙塔更大的舞台，我们可以向那些真正愿意去学习法律的同学普及法治的观念。

应试化的法律教育当然要帮助同学们以最便捷的方式通过法考，但它同时也可以承载法治信念的传承。

一直以来，人们习惯将应试化教育和大学教育对立开来，认为前者不登大雅之堂，充满填鸭与铜臭。然而，没有应试的导向，很少有人能够真正自律到系统地学习法律。在许多大学校园，田园牧歌式的自由放任也许能够培养出少数的精英，但不少学生却是在游戏、逃课、昏睡中浪费生命。人类所有的成就靠的其实都是艰辛的训练；法治建设所需的人才必须接受应试的锤炼。

应试化教育并不希望培养出类拔萃的精英，我们只希望为法治建设输送合格的人才，提升所有愿意学习法律的同学整体性的法律知识水平，培育真正的法治情怀。

厚大教育在全行业中率先推出了免费视频的教育模式，让优质的教育从此可以遍及每一个有网络的地方，经济问题不会再成为学生享受这些教育资源的壁垒。

最好的东西其实都是免费的，阳光、空气、无私的爱，越是弥足珍贵，越是免费的。我们希望厚大的免费课堂能够提供最优质的法律教育，一如阳光遍洒四方，带给每一位同学以法律的温暖。

没有哪一种职业资格考试像法考一样，科目之多、强度之大令人咂舌，这也是为什么通过法律职业资格考试是每一个法律人的梦想。

法考之路，并不好走。有沮丧、有压力、有疲倦，但愿你能坚持。

坚持就是胜利，法律职业资格考试如此，法治道路更是如此。

当你成为法官、检察官、律师或者其他法律工作者，你一定会面对更多的挑战、更多的压力，但是我们请你持守当初的梦想，永远不要放弃。

人生短暂，不过区区三万多天。我们每天都在走向人生的终点，对于每个人而言，我们最宝贵的财富就是时间。

感谢所有参加法考的朋友，感谢你愿意用你宝贵的时间去助力中国的法治建设。

我们都在借来的时间中生活。无论你是基于何种目的参加法考，你都被一只无形的大手抛进了法治的熔炉，要成为中国法治建设的血液，要让这个国家在法治中走向复兴。

数以万计的法条，盈千累万的试题，反反复复的训练。我们相信，这种貌似枯燥机械的复习正是对你性格的锤炼，让你迎接法治使命中更大的挑战。

亲爱的朋友，愿你在考试的复习中能够加倍地细心。因为将来的法律生涯，需要你心思格外的缜密，你要在纷繁芜杂的证据中不断搜索，发现疑点，去制止冤案。

亲爱的朋友，愿你在考试的复习中懂得放弃。你不可能学会所有的知识，抓住大头即可。将来的法律生涯，同样需要你在坚持原则的前提下有所为、有所不为。

亲爱的朋友，愿你在考试的复习中沉着冷静。不要为难题乱了阵脚，实在不会，那就绕道而行。法律生涯，道阻且长，唯有怀抱从容淡定的心才能笑到最后。

法律职业资格考试不仅仅是一次考试，它更是你法律生涯的一次预表。

我们祝你顺利地通过考试。

不仅仅在考试中，也在今后的法治使命中——

不悲伤、不犹豫、不彷徨。

但求理解。

厚大全体老师　谨识

前 言
FOREWORD

    近年商法案例"民商结合，通盘考虑"，且"公司法+破产法"结合，并联合民法典、民事诉讼法等，试题的深度和广度均大幅提升。无疑，商法的案例分析题目走上了"综合"之路。

    商法虽以民法基本理论为基础，但由于其旨在建立一个完善的市场运行机制，以效益优先为基本价值，且商事活动中形成的商事关系是以营利为目的而形成的相互联系、动态发展的社会关系，因而营利是一切商事活动的本质所在。基于此，商事审判体现出自身的特点，比如重视商主体地位，保护商主体在市场交易中获得合法利益的权利（如对约定违约金过高的标准适当放宽）；商事审判中坚持效率原则，维护交易的便捷、公平与安全，因此在商事审判中采取外观主义原则量化商行为的安全要求。

    由于商事实践中积累的案例数量庞大，加之近年新的司法解释不断涌现，商事审判的理念在不断的观念冲突和交锋中有所调整，建议大家在解读商法案例分析时，要运用商法思维，既以民法基本理念为指导，又要考虑商事活动的特殊性。

1. 我们已经明确考试方向是加大案例分析，那么如何寻找应对之道？

［思路1］先搭建一个完备的商事法律结构，再将具体知识填充进去。这样当某一点出现断层，可从其他制度规则中类推，一个完善的知识储备对理解运用会有极大的帮助。

［思路2］删繁就简，过滤一些考查概率小的知识点。就像我们无法在一个混乱堆满物品的空间自由呼吸一样，同样在复习备考过程中，我们也无法在成千上万的法条中闪转腾挪，必须要学会放弃。

2. 强调大家应当手写答案或机打答案。我们经常会有这样的感觉：某问题"想"的时候很简单，"说"的时候就不太清楚，而一旦到"写"时发现无从下手。

鄢梦萱

2021 年 6 月 30 日

缩略语对照表 ABBREVIATION

目 录 CONTENTS

命题索引 *INDEX*

公司设立、出资纠纷

一、公司设立常见问题

问1：公司能否成立？为什么？

[对应场景] 公司筹备阶段各种奇葩类型出资，或出资不到位等。

[大前提] 根据《公司法》第23条的规定，设立有限责任公司，应当具备：股东符合法定人数、有符合公司章程规定的全体股东认缴的出资额等条件。而股东是否出资瑕疵，不能作为否定公司成立的理由。

问2：公司设立阶段，发起人甲签订的合同是否有效？

[对应场景] 筹备阶段，以发起人名义签订合同、以筹备组名义签订合同等。

[大前提] 根据《民法典》第75条第1款的规定，允许设立人在法人设立阶段从事民事活动。并且，若案情涉及的合同未出现无效等情形，则该合同有效。

问3：公司成立后，应当由谁承担合同责任？

[大前提]

1. 根据《民法典》第75条第2款的规定，设立人为设立公司以自己名义对外签订合同，公司成立后，相对人可选择请求该设立人承担合同责任，也可选择该公司承担合同责任。（或答：根据《公司法解释（三）》第2条的规定："发起人为设立公司以自己名义对外签订合同，合同相对人请求该发起人承担合同责任的，人民法院应予支持；公司成立后合同相对人请求公司承担合同责任的，人民法院应予支持。"）

2. 根据《公司法解释（三）》第3条的规定，发起人以设立中公司名义对外签订合同，公司成立后合同相对人可请求公司承担合同责任。公司成立后有证据证明发起人利用设立中公司的名义为自己的利益与相对人签订合同，公司以此为由主张不承担合同责任的，法院应予支持，但相对人为善意的除外。

问4：公司成立后，应当由谁承担侵权责任？

[对应场景] 公司筹备阶段，出现侵犯人身权、财产权等纠纷。

[大前提] 根据《公司法解释（三）》第5条第1款的规定，发起人因履行公司设立职责造成他人损害，公司成立后，由公司承担侵权赔偿责任。

问5：发起人协议（设立协议/出资协议）在公司成立后，即被章程取代的主张，能否得到支持？

[大前提] 根据公司法理论，发起人协议是明确各发起人在公司设立过程中的权利和义务的协议。公司章程是指公司所必备的，规定其名称、宗旨、资本、组织机构等对内对外事务的基本法律文件。二者调整对象、制定目的、适用时间均不同，不能相互取代。

二、股东出资常见纠纷

问6：以非货币形式向公司出资，应办理什么手续？

提示：此为简答类题型，和具体案情没有直接关联。（2002、2015年均有此类题型出现）

[大前提] 根据《公司法》第27、28条的规定，股东以非货币财产出资

的，应当评估作价，核实财产，不得高估或者低估作价，并且应当办理财产权的转移手续。

问 7：股东以净资产出资，是否有效？股东以其他公司的债权出资，是否有效？（或问：如何评价股东出资行为？）

[对应场景] 案情出现各种奇葩出资形式，法条没有明确规定。如："净资产、债权、厂房使用权、专利使用权、商誉……"

[大前提] 根据《公司法》第 27 条第 1 款的规定，股东用以出资的非货币财产，应满足可以用货币估价并可以依法转让的条件，且不属于劳务、信用等禁止出资的类型。

问 8：房屋（知识产权）权属登记与交付相分离时，如何确定享有股东权的时间？

[对应场景] 房屋 1 月 1 日交付给萱草公司，但 8 月 1 日才办理过户手续。

[大前提]

1. 根据《公司法解释（三）》第 10 条第 1 款的规定，出资人以房屋（知识产权）等财产出资，已经交付公司使用但未办理权属变更手续，公司、其他股东或者公司债权人可主张其在指定的合理期间内办理权属变更手续，并自实际交付财产时享有相应的股东权利。

2. 根据《公司法解释（三）》第 10 条第 2 款的规定，出资人以房屋（知识产权）等财产出资，已经办理权属变更手续但未交付给公司使用，公司或者其他股东可主张其向公司交付，并自实际交付时享有相应的股东权利。

问 9：股东 A 以自己持有甲公司的股权出资设立萱草公司，是否有效？

[对应场景]

1. A 是甲公司股东，按甲公司章程规定应在 2017 年 5 月前缴足全部出资。2015 年 12 月，A 以其所持甲公司股权的 60% 作为出资与 B 共同设立萱草公司。

2. A 以其在甲公司的股权作为出资设立萱草公司时，甲公司的另一股东已主张行使优先购买权。

[大前提]

1. 根据《公司法解释（三）》第11条的规定，出资人以其他公司股权出资，要满足出资的股权无权利瑕疵（或权利负担）、出资人已履行关于股权转让的法定手续等条件。

2. 股权出资不符合上述要求的，法院应当责令该出资人在指定的合理期间内采取补正措施；逾期未补正的，应当认定其未全面履行出资义务。

问10：划拨土地使用权出资是否有效？（或问：以设定担保的土地使用权出资，如何认定其股东资格？）

[大前提] 根据《公司法解释（三）》第8条的规定，以划拨土地使用权出资，或者以设定权利负担的土地使用权出资，应当责令当事人在指定的合理期间内办理土地变更手续或者解除权利负担；逾期未办理或者未解除的，法院应当认定出资人未依法全面履行出资义务。

问11：股东甲以受贿财产出资，该出资是否有效？股东甲是否取得股权？（或问：以受贿所得的现金10万元出资形成的股权，应当如何处置？）

[对应场景] 股东甲以受贿所得的现金10万元出资，公司成立后，甲的犯罪行为被查处。

[大前提] 根据《公司法解释（三）》第7条第2款的规定，以贪污等违法犯罪所得的货币出资后，公司可成立，该股东可取得股权。处置方式为应当采取拍卖或者变卖的方式处置股权。

问12：股东甲以受贿所得的一套房屋出资，萱草公司能否取得该房屋的所有权？（或问：应当如何处置？）

[对应场景] 股东甲以受贿所得的一套房屋出资，公司成立后，甲的犯罪行为被查处。

提示：对于受贿的房产出资的部分，目前存有很大争论。（建议掌握一种，表述清晰）

答案1：受贿的房产属于"赃物"，不能适用《民法典》第311条规定的善意取得规则，应该直接由国家追缴。相应地，股东甲以受贿房产出资部分对应的股权无效，萱草公司不能取得房屋所有权。

答案2：受贿所得的房屋是犯罪所得，性质属于赃物，按照《刑事诉讼法》的规定，赃物可以发生善意取得，以此维护善意第三人的利益。所以，如果拟设立的萱草公司满足善意、支付合理价格的条件，并办理了财产的转移手续，则萱草公司可取得该财产的所有权（**法院应当让甲按相应的价款退赃退赔**）。

问13：某股东行为是否构成抽逃出资？应当如何处理？（常出现"代垫出资关系"）

[**对应场景**] 出现各种违反程序将出资转出的情形，例如：

1. "假利、假债、关联交易"。

2. 某股东通过他人"代垫出资"设立公司，公司成立后，该股东抽逃出资返还。

3. 公司成立后，股东甲是正当借款，还是"抽逃出资"？

[**大前提**]

1. 根据《公司法解释（三）》第12条的规定，抽逃出资包括制作虚假财务会计报表虚增利润进行分配。（或答：①通过虚构债权债务关系将其出资转出；②利用关联交易将出资转出）（提示：**根据具体案情，回答对应的情形**）

2. 根据《公司法解释（三）》第14条的规定，股东抽逃出资，应当向公司返还出资本息。协助抽逃出资的其他股东、董事、高级管理人员或者实际控制人对此承担连带责任。（注意：**第三人代垫资金协助发起人设立公司，代垫出资人无需和抽逃出资的股东承担连带责任**）

补充：因为《公司法解释（三）》修改，2014年后的裁判规则，不再认定"垫付出资"者承担连带责任。

　　陆燕楠明知吴孙木等人借款是为了取得公司工商登记，并在公司成立后抽逃出资，仍然出借款项，共同故意明显，该事实已被（2013）滁刑终字第153号生效刑事判决所确认，陆燕楠也因此受到刑事处罚，故原判陆燕楠连带承担吴孙木等公司发起人因抽回出资而产生的相应责任，符合《公司法解释（三）》第15条的相关规定。但自2014年3月1日起，《最高人民法院关于修改关于适用〈中华人民共和国公司法〉若干问题的规定的决定》，删去了原《公司法解释（三）》第15条。以下是原《公司法解释（三）》第15条规定："第三人代垫资金协助发起人设立公司，双方明确约定在公司验资后或者在公司成立后将该发起人的出资抽回以偿还该第三人，发起人依照前述约定抽回出资偿还第三人后又不能补足出资，相关权利人请求第三人连带承担发起人因抽回出资而产生的相应责任的，人民法院应予支持。"而且规定在该决定施行后尚未终审的股东出资相关纠纷案件适用该决定。因此，原审判决陆燕楠连带承担发起人因抽回出资而产生的相应责任的法律依据，因《公司法》和相关司法解释的修改而没有法律依据，故陆燕楠的上诉理由成立，本院予以采纳。[上述内容摘自安徽省高级人民法院民事判决书（2014）皖民二终字第00156号，裁判日期：2014年5月20日]

　　问14：就出资瑕疵，股东要承担何种责任？（或问：公司可以采取哪些救济手段？谁对公司债务承担清偿责任？）

　　[对应场景]

　　1. 案情中出现某股东逾期未缴足出资情形，如高某承诺出资300万一次缴清，但实际仅出资50万。（出资违约）

　　2. 公司成立时，即发现某股东出资的设备等非货币财产被"虚假评估"。（出资不实）

　　3. 公司成立若干时间后，当时出资的设备、股权等，再评估时已经贬值。（此为正常贬值，无需担责）

[大前提]

1. （出资违约-股东要承担的责任）根据《公司法》第28条（或答：《公司法解释（三）》第13条）的规定，股东没有按期足额缴纳章程所认缴的出资额，除应当向公司足额缴纳外，还应当向已按期足额缴纳出资的股东承担违约责任。（上述2个法条，择二答一）

2. （出资不实-股东要承担的责任）

（1）根据《公司法》第30条的规定，设立公司出资的非货币财产的实际价额显著低于章程所定价额的，由该股东补足差额；

（2）根据《公司法解释（三）》第15条的规定，出资后因市场变化或者其他客观因素导致出资财产贬值，出资人不再承担补足出资责任。

3. （公司可以采取的措施）根据《公司法解释（三）》第16条的规定，股东未履行出资义务的，公司依据章程或股东会决议可对其利润分配请求权、新股优先认购权、剩余财产分配请求权等股东权利作出相应的合理限制。

4. （除了公司外，谁对公司债权人承担赔偿责任）

（1）未履行或未全面履行出资义务的股东。《公司法解释（三）》第13条第2款规定："公司债权人请求未履行或者未全面履行出资义务的股东在未出资本息范围内对公司债务不能清偿的部分承担补充赔偿责任的，人民法院应予支持；未履行或者未全面履行出资义务的股东已经承担上述责任，其他债权人提出相同请求的，人民法院不予支持。"（"债务清偿"，后文详述）

（2）有过错的中介机构。根据《公司法》第207条第3款的规定："承担资产评估、验资或者验证的机构因其出具的评估结果、验资或者验证证明不实，给公司债权人造成损失的，除能够证明自己没有过错的外，在其评估或者证明不实的金额范围内承担赔偿责任。"

课后练习

[**案情**] 国有企业川南商业大楼于 1998 年拟定改制计划，注册资本 150 万元。2003 年 5 月，川南公司因涉嫌偷税被立案侦查。侦查发现：除王某外，宋某、周某、李某在 1998 年改制时所获得的股权均是挪用原川南商业大楼的资金购买，且 2001 年公司增资时，宋某、周某、李某、王某四人均未实际出资，而是以公司新建办公楼评估后资产作为增资资本，并分别登记于个人名下。同时查明，偷税事项未经过股东会讨论，而是董事会为了公司利益在征得周某同意后决定实施的。后法院判决该公司偷税罪成立，判处公司罚金 140 万元，宋某等亦分别被判处相应的刑罚。（2005 年真题）

问题：宋某、周某、李某、王某在 1998 年改制时所取得的股权是否有效？为什么？

✎ **答题区**

📋 答题要点

有效。

（大前提）《公司法解释（三）》第7条第2款规定："以贪污……违法犯罪所得的货币出资后取得股权的，对违法犯罪行为予以追究、处罚时，应当采取拍卖或者变卖的方式处置其股权。"该规定说明，股东取得股权仅以出资为条件，基于货币"占有即所有"，其出资的资金来源不影响股权的取得。

（小前提）本案中，宋某等人挪用原国有企业的资金购买股权，虽然货币资金来源非法，但不影响其获得的股权，追究处罚时，采取的手段是"处置其股权"，这说明宋某等人已经获得"股权"。

（结论）所以，宋某等人于改制时所取得的股权有效。

练　习　2

[案情] 公司成立后1个月，股东丁提出急需资金，向公司借款100万元。公司为此召开临时股东会议，作出决议如下：同意借给丁100万元，借期6个月，每月利息1万元。丁向公司出具了借条。虽至今丁一直未归还借款，但每月均付给公司利息1万元。（2010年真题）

问题： 丁向公司借款 100 万元的行为是否构成抽逃注册资金？为什么？

✎ **答题区**

▣ **答题要点**

不构成。

（大前提）根据《公司法解释（三）》第 12 条的规定，认定股东构成抽逃资金，股东的行为需符合"通过虚构债权债务关系将其出资转出"等形式。

（小前提）本案中，公司就丁的借款召开股东会，形成有效股东会决议，且该借款合同条款明确，有具体金额、借期、利息条款，符合《民法典》借款合同的要件，不能认定为"虚构债权债务关系"。

（结论）所以该行为形成丁对公司的债务，不构成抽逃出资。

练 习 3

[**案情**] 2018年1月，高甲、萌叔、飞侠共同投资设立萱草有限公司。其中，飞侠将其对A软件开发有限公司所持股权折价成45万元作为出资方式，经验资后办理了股权转让手续。2020年9月，A公司因盲目扩张资金链断裂向法院提出破产申请。经审查，A公司尚有资产300万元，但负债已高达3亿元，各股东包括飞侠的股权价值几乎为零。

问题：飞侠用以出资的股权价值为零，他是否仍然对萱草公司享有股权？为什么？

✎ **答题区**

▶ **答题要点**

飞侠仍然享有股权。

（大前提）根据《公司法解释（三）》第15条的规定，出资人以符合法定条件的非货币财产出资后，因市场变化或者其他客观因素导致出资财产贬值，该出资人不再承担补足出资责任。

（小前提）本案中，飞侠以其享有的A公司股权出资时，A公司并未陷入破产并且飞侠已经办理了股权转让手续。虽然之后到2020年9月A公司破产，但这不是设立萱草公司时飞侠虚假出资，而是因市场变化或者其他客观因素导致的出资财产贬值，因此不能否定其出资效力。

（结论）所以，飞侠仍然享有萱草公司的股权。

练 习 4

[**案情**] 2018年1月3日，萱草公司登记成立，殷小敏的出资是一套办公家具（个人申报其价值为30万元），后经股东向小甲多方核查，该套家具在2018年1月初时值12万元；在2021年8月时值8万元。

问题：殷小敏应当承担多少金额的补足出资责任？为什么？

✎ **答题区**

答题要点

要承担 18 万元的补足出资责任。

（大前提）根据《公司法》第 30 条的规定，有限责任公司成立后，发现作为设立公司出资的非货币财产的实际价额显著低于公司章程所定价额的，应当由交付该出资的股东补足其差额。

（小前提）本案中，2018 年 1 月初殷小敏出资的家具，被虚假高估 18 万元。虽然后至 2021 年 8 月再贬值，但属于因市场变化或者其他客观因素导致的出资财产贬值，不能以该时间点作为计算虚假出资的时间。

（结论）所以，应以 2018 年 1 月初的 12 万元作为补足出资责任的标准，殷小敏应当向公司补足出资款 18 万元。

练 习 5

[案情] 2012 年 5 月，兴平有限公司与甲、乙、丙、丁四个自然人，共同出资设立大昌有限公司。在大昌公司筹建阶段，兴平公司董事长马玮被指定为设立负责人，全面负责设立事务。兴平公司以一栋厂房出资。

后查明，兴平公司所出资的厂房，其所有权原属于马玮父亲；2011 年 5 月，马玮在其父去世后，以伪造遗嘱的方式取得所有权，并于同年 8 月，

以该厂房投资设立兴平公司，马玮占股80%。而马父遗产的真正继承人是马玮的弟弟马祎。（2013年真题）

问题：马祎能否要求大昌公司返还厂房？为什么？

✎**答题区**

⊳**答题要点**

可以。

（大前提）根据《民法典》第311条第1款的规定，无处分权人将不动产转让给受让人的，符合法定情形时，受让人取得所有权。

（小前提）本案案情显示，首先，马玮伪造遗嘱不能取得厂房所有权，其将厂房用于投资设立兴平公司属于无权处分。因兴平公司的董事长即马玮，其主观恶意视为所代表公司的恶意，因此兴平公司不符合善意取得条件，所以兴平公司不能取得厂房所有权；其次，兴平公司将该厂房再投资于大昌公司，也属无权处分。加之马玮又是大昌公司的设立负责人与董事长，同样难以说明大昌公司"善意"，故大昌公司不能取得厂房所有权。

（结论）所以，厂房所有权仍应归属于马祎，马祎可以向大昌公司请求返还厂房。

[**案情**] 大栗、小栗各出资 10 万元设立"萱草食品有限公司"。大栗手头只有 3 万元的现金，就让朋友榛子为其垫付 7 万元，并许诺一旦公司成立，就从公司中抽回偿还给榛子。公司于 2019 年 2 月成立。公司成立后第 3 天，大栗以萱草公司名义与榛子签订一份买卖合同，约定萱草公司向榛子购买 7 万元的食材。合同订立后第 2 天，大栗指示公司财务转账付款。现查明，实际上榛子从未经营过食材，也未打算履行该合同。

问题：榛子是否和大栗向萱草公司承担连带责任？

🖊 **答题区**

┌───┐
│   │
│ ─── │
│   │
│ ─── │
│   │
│ ─── │
│   │
│ ─── │
│   │
└───┘

◤ 答题要点

榛子无需对萱草公司承担连带责任。

（大前提）根据《公司法解释（三）》第 14 条的规定，抽逃出资情形下，协助抽逃出资的其他股东、董事、高级管理人员或者实际控制人对此承担连带责任。但关于第三人代垫资金协助发起人设立公司，并无法律依据要求"代垫人和抽逃出资的股东承担连带责任"。

（小前提+结论）本案中，榛子仅仅是代垫人，并无萱草公司的"股东、董事、高管、实际控制人"等身份，既然现行法律不禁止代垫出资，所以榛子无需对萱草公司承担连带责任。

有限公司的股东

一、股东资格确认纠纷

问15：甲和萱草公司形成何种法律关系？为什么？

[对应场景]

1. 借款、出资糅合在一起，公司外观记载不明确。

2. 他人冒用甲的身份证设立公司等"冒名登记"情形。

[大前提]

1. 根据《公司法解释（三）》第22、23条的规定，当事人之间对股权归属发生争议，一方请求法院确认其享有股权的，应当证明"已经依法向公司出资或者认缴出资，且不违反法律法规强制性规定"；并且，公司未依相关规定签发出资证明书、记载于股东名册并办理公司登记机关登记的，当事人可请求公司履行上述义务。

2. 根据《公司法解释（三）》第28条的规定，冒名登记行为人应当承担相应责任。

裁判案例："万家裕、丽江宏瑞水电开发有限公司股东资格确认纠纷再审审查与审判监督民事判决书"[最高人民法院（2014）民提字第00054号民事判决书]

A公司拟增资扩股，遂与外人丙协商，由丙出资510万元占公司30%

股权。丙将款项打入了 A 公司账户，公司会计凭证记载为"实收资本"。公司并未发给丙出资证明书，股东名册也未记载他，公司未变更公司登记中的注册资本和股东事项。之后，丙以 A 公司董事长的身份出席活动并剪彩，又多次参加公司股东会，讨论公司经营管理事宜……

问：丙和 A 公司形成何种法律关系？（丙是 A 公司股东）

该案判决明确：股东身份的确认应根据当事人的出资情况以及股东身份是否以一定的形式为公众所认知等因素进行综合判断。（也就是说，即使没有记载于"股东名册"、没有"办理变更登记"，但有其他证据的，仍可认定"具有股东资格"）

问16：一股二卖纠纷中，受让人能否取得该股权？（或问：谁可以取得股东资格？起诉应当以谁为被告？其诉讼请求能否得到法院支持？）

［对应场景］股东 A 将其股权转让给 B，该次交易已完成，但公司未办理股东变更登记，该股权仍登记在 A 名下。之后，A 又将上述股权转让给了 C。

［大前提］

1. 根据《公司法解释（三）》第27条第1款的规定，股权转让后尚未向公司登记机关办理变更登记，原股东将仍登记于其名下的股权处分，法院可以参照《民法典》第311条关于"善意取得"的规定处理。（提示：要分情况处理）

2. 根据《公司法解释（三）》第21条的规定，当事人向人民法院起诉请求确认其股东资格的，应当以公司为被告，与案件争议股权有利害关系的人作为第三人参加诉讼。

问17：代持股协议是否有效？（或问：代持股纠纷中，起诉应当以谁为被告？其诉讼请求能否得到法院支持？）

［对应场景］

1. 甲与其妻正在闹离婚，为避免可能的纠纷，甲遂与其弟乙商定，由乙出面与他人共同设立萱草公司，但出资与相应的投资权益均归甲。

2. 实际出资人能够提供证据证明有限责任公司过半数的其他股东知道其实际出资的事实，且对其实际行使股东权利未曾提出异议，现在实际出资人提出登记为公司股东的请求。

[大前提]

1. （合同效力）根据《公司法解释（三）》第24条第1款的规定，实际出资人与名义出资人签订的代持股合同，如无法律规定的无效情形，应当认定该合同有效。（依据《民法典》确定合同效力）

2. （诉讼当事人）根据《公司法解释（三）》第21条的规定，当事人向人民法院起诉请求确认其股东资格的，应当以公司为被告，与案件争议股权有利害关系的人作为第三人参加诉讼。

3. （和公司的关系）根据《公司法解释（三）》第24条第3款的规定，实际出资人未经公司其他股东半数以上同意，请求公司变更股东、签发出资证明书、记载于股东名册、记载于公司章程并办理公司登记机关登记的，人民法院不予支持。（提示：要注意实际出资人显名的条件：实际出资人能够提供证据证明有限责任公司过半数的其他股东知道其实际出资的事实，且对其实际行使股东权利未曾提出异议，现在实际出资人提出的登记为公司股东的请求，人民法院依法予以支持）

问18：名义股东未经实际出资人同意即转让股权，第三人是否能够取得该股权？

[大前提] 根据《公司法解释（三）》第25条第1款的规定，名义股东将登记于其名下的股权转让（处分），其性质为"有权处分"，处理时，受让人如果符合善意取得条件，则受让人可以取得股权。（提示：若具体案情显示，受让人不符合善意取得条件，则不能取得该转让股权）

问19：（案情中出现代持股情形）萱草公司债务如何清偿？

[对应场景] 在代持股协议中，大萱（实际股东）承诺一次性出资10万

元，小萱是名义股东。但到期大萱实际仅出资 2 万元。现萱草公司不能清偿到期债务。

[大前提] 根据《公司法解释（三）》第 26 条第 1 款的规定，公司债务不能清偿时，债权人可请求<u>名义股东在未出资本息范围内承担补充赔偿责任</u>。

问20：实际出资人提出案外人执行异议，能否得到法院支持？

[对应场景] B 代 A 持有股权，系显名股东；A 为隐名股东。C 系 B 非基于股权处分的债权人，因 B 未偿还到期债务，C 申请强制执行登记在 B 名下的股权。[1]

答案 1： 不能。根据《公司法》第 32 条第 3 款的规定，未经登记或者变更登记的，不得对抗第三人。根据商事外观主义原则，有关公示体现出来的权利外观，导致第三人对该权利外观产生信赖，即使真实状况与第三人的信赖不符，只要第三人的信赖合理，第三人的民事法律行为效力即应受到法律的优先保护。基于上述原则，名义股东的非基于股权处分的债权人亦应属于法律保护的"第三人"范畴。所以，实际出资人提出案外人执行异议，<u>不能得到法院支持</u>。

答案 2： 能够。根据《公司法解释（三）》第 25 条第 1 款的规定，股权善意取得制度的适用主体仅限于与名义股东存在股权交易的第三人。如果名义股东的债权人仅仅因为债务纠纷而寻查名义股东的财产还债，并无信赖利益保护的需要。若适用商事外观主义原则，将实质权利本应属于实际出资人的股权用以清偿名义股东的债务，将严重侵犯实际出资人的合法权利。所以，<u>应当支持实际出资人的执行异议</u>。

问21：实际出资人欲自己行使在公司中的权利，应当满足何种条件？

[对应场景] 萱草公司年终分红，实际出资人要求公司直接分给自己。

[大前提] 根据《公司法解释（三）》第 24 条第 3 款的规定，实际出资人需要经过公司其他股东<u>半数以上同意</u>，方可请求公司变更股东。

---

〔1〕 建议掌握一种分析角度，表达清晰。

二、股东权纠纷

问22：股东 A 滥用股东权，损害了股东 B 的利益，B 可以采取何种救济手段？

[大前提] 根据《公司法》第 20 条第 2 款的规定，公司股东滥用股东权利给公司或者其他股东造成损失的，应当依法承担赔偿责任。

问23：（有限责任公司）股东 A 欲查阅公司账簿，需要满足哪些条件？（简答类题型）

[大前提] 根据《公司法》第 33 条第 2 款的规定，有限责任公司股东查阅会计账簿时，应提出书面请求并说明目的。公司有合理根据认为股东查阅会计账簿有不正当目的，可能损害公司合法利益的，可以拒绝提供查阅。

问24：分析萱草公司拒绝股东 A 查阅财务会计账簿的理由是否成立？为什么？

[大前提]

1. 根据《公司法解释（四）》第 8 条第 1 项的规定，股东出现 "和公司有实质性竞争关系" 等情况，应认定为查阅公司会计账簿有 "不正当目的"。

2. 根据《公司法解释（四）》第 9 条的规定，章程、股东之间的协议等不能实质性剥夺股东查阅或者复制公司文件材料的权利。

3. 诉讼当事人：①原告→股东；②被告→公司。

问25：（分红）股东甲要求法院判决公司分配剩余利润，其诉讼请求能否得到法院支持？（或问：对公司分红方案有异议的股东，可以采取何种救济手段？）

[大前提]

1. 根据《公司法解释（四）》第 14、15 条的规定，请求公司分配利润案件，股东应当提交载明具体分配方案的股东会有效决议。（股东未提交载明具体分配方案的股东会决议，请求公司分配利润的，法院应当驳回其诉讼请求）

2. （救济手段-诉讼）根据《公司法解释（四）》第13条的规定，股东请求公司分配利润案件，应当列公司为被告。一审法庭辩论终结前，其他股东基于同一分配方案请求分配利润并申请参加诉讼的，应当列为共同原告。

问26：股东可以采取何种救济措施？（或问：股东如何提起股东代表诉讼？法院应当如何处理？）

[对应场景]

1. 案情中有董、监、高损害公司利益，但公司不予追究的情形。

2. 案情中有关联交易损害公司利益，关联交易合同存在无效或者可撤销情形，但公司不予追究。

[大前提]

1. 采取何种措施：根据《公司法》第151条第1、2款（或答：《公司法解释（五）》第1、2条）的规定，公司利益受到董事、高管等人损害时，或者因关联交易损害公司利益时，合格股东依照法定程序有权提起股东代表诉讼。

2. 如何提起：股东必须先书面请求公司有关机关向人民法院提起诉讼。没有履行该前置程序的，应当驳回起诉。但如果查明的相关事实表明，根本不存在该种可能性的，人民法院不应当以原告未履行前置程序为由驳回起诉。

3. 诉讼请求能否得到支持：根据《公司法解释（四）》第25条的规定，股东代表诉讼中，股东请求被告直接向其承担民事责任的，法院不予支持。股东代表诉讼中，胜诉利益归属于公司。

问27：其他股东是否可以行使优先购买权？（或问：股东A转让股权，后又反悔，其他股东能否主张强制优先购买A的股权？）

[大前提]

1. 根据《公司法》第71条第1款的规定，股东之间可以自由转让股权。

2. 根据《公司法解释（四）》第20条的规定，转让股东反悔的，其他股东无优先购买权，但转让股东应赔偿其他股东的合理损失。

问 28：股东 A 未通知其他股东即将股权转让给外人 C，股权转让合同是否有效？其他股东 B 应当如何救济？（30 日内，登记 1 年内）

[对应场景] 出现未征求其他股东意见转让股权或者以欺诈、恶意串通等手段转让股权……损害其他股东优先购买权的情形。（如：一次转让，但分阶段操作）

[大前提]

1. 合同效力：为保护股东以外的股权受让人的合法权益，股权转让合同如无其他影响合同效力的事由，应当认定有效。其他股东行使优先购买权的，虽然股东以外的股权受让人关于继续履行股权转让合同的请求不能得到支持，但不影响其依约请求转让股东承担相应的违约责任。

2. 其他股东的救济。根据《公司法解释（四）》第 21 条的规定：

（1）对外转让股权，未征求其他股东意见，或者以欺诈、恶意串通等手段，损害其他股东优先购买权的，其他股东可主张按照同等条件购买该转让股权。（时间：其他股东自知道或者应当知道之日起 30 日内没有主张，或自股权变更登记之日起超过 1 年的，不再享有优先购买权）

（2）上述情形，其他股东仅提出确认股权转让合同及股权变动效力等请求，未同时主张按照同等条件购买转让股权的，法院不予支持，但其他股东非因自身原因导致无法行使优先购买权，请求损害赔偿的除外。

3. 股东以外的股权受让人，因股东行使优先购买权而不能实现合同目的的，可以依法请求转让股东承担相应民事责任。

问 29：（股权继承）股东 A 死亡，其继承人 6 岁能否直接继承股东资格？（或问：股东 A 死亡，其他股东能否主张优先于 A 的继承人购买 A 的股权？）

[大前提] 根据《公司法》第 75 条和《公司法解释（四）》第 16 条的规定，自然人股东死亡后，其合法继承人可以继承股东资格。并且，其他股东

不可主张优先购买权。（但章程另有规定或者全体股东另有约定的除外）

问30：（离婚–股权转让）股东 A 能否基于离婚协议将自己的股权转让给其妻？（理解关键：比照股权对外转让）

[大前提] 根据《公司法》第 71 条第 2 款对外转让股权的规定，股东向股东以外的人转让股权，应当经其他股东过半数同意。股东应就其股权转让事项书面通知其他股东征求同意，其他股东自接到书面通知之日起满 30 日未答复的，视为同意转让。其他股东半数以上不同意转让的，不同意的股东应当购买该转让的股权；不购买的，视为同意转让。

问31：（瑕疵股权转让）股东小榛子能否转让其未出资完毕的股权？（或问：股东 A 出资违约，现将自己的股权转让给第三人 B，你作为 B 的律师，如何维护 B 的利益？）

[大前提] 根据《公司法解释（三）》第 18 条的规定，股东未履行或者未全面履行出资义务即转让股权，受让人知道或者应当知道的，受让人应承担连带责任。受让人承担责任后，可向该瑕疵出资股东追偿。

问32：公司章程约定"人走股留"条款，是否有效？（或问：股东有犯罪行为即退股的条款，是否有效？）（均有效）

指导案例："宋某诉西安市大华餐饮有限公司股东资格确认纠纷案"。

该案中，大华公司进行企业改制时，公司章程规定："公司股权不向公司以外的任何团体和个人出售、转让。公司改制 1 年后，经董事会批准后可以公司内部赠与、转让和继承。持股人死亡或退休经董事会批准后方可继承、转让或由企业收购，持股人若辞职、调离或被辞退、解除劳动合同的，人走股留，所持股份由企业收购。"

本案生效判决认为："大华公司章程将是否与公司具有劳动合同关系作为取得股东身份的依据继而作出'人走股留'的规定，符合有限责任公司封闭性和人合性的特点，亦系公司自治原则的体现，不违反公司法的禁止性规定。大华公司章程关于股权转让的规定，属于对股东转让股权的限制性规定而非禁止性规定，宋某依法转让股权的权利没有被公司章程所禁止，大华公司章程不存在侵害宋某股权转让权利的情形。"

[大前提] 基于有限责任公司封闭性和人合性的特点，由章程对公司股东转让股权作出某些限制性规定，系公司自治的体现。"人走股留"条款属于对股东转让股权的"限制性"规定而非"禁止性"规定，员工转让股权的权利没有被公司章程所禁止，公司章程不存在侵害股权转让权利的情形。

问33：股东出现重大分歧，股东间协议一致由公司回购股东 A 的股权，是否可行？

[大前提] 根据《公司法解释（五）》第5条的规定，审理涉及有限责任公司股东重大分歧案件时，应当注重调解。当事人协商一致以下列方式解决分歧，且不违反法律、行政法规的强制性规定的，人民法院应予支持：①公司回购部分股东股份；②其他股东受让部分股东股份；③他人受让部分股东股份；④公司减资；⑤公司分立；⑥其他能够解决分歧，恢复公司正常经营，避免公司解散的方式。（可行。允许"协商解决，套现离场"。）

问34：股东 A 要求公司收购自己股权的主张能否得到法院的支持？

[对应场景] 股东 A 与股东 B 有重大分歧，要求公司或者 B 购买自己的股权，但遭到拒绝。A 起诉公司与 B，要求公司或者 B 回购自己的股权。（"被拒绝"说明没有"协商一致"，所以法院应判决"不支持回购"）

不要混淆："要求"意指"强制回购"，此和"协商解决，套现离场"不同。

[大前提]

1.《公司法》第35条规定："公司成立后，股东不得抽逃出资。"（并非协商一致，是利用"假利、假债、关联交易"等非法形式）

2. 根据《公司法》第74条的规定，满足法定条件下，对股东会决议持有

异议的股东可以请求公司按照合理的价格收购其股权……（55合分转，该死不死改章程；这是法定回购情形，并非协商一致）

问35： 股东A和外人C签订了股权分期付款的转让协议，能否类推适用《民法典》关于分期付款条款进行处理？

指导案例： "汤长龙诉周士海股权转让纠纷案"。

[大前提]《民法典》第634条第1款规定："分期付款的买受人未支付到期价款的金额达到全部价款的1/5，经催告后在合理期限内仍未支付到期价款的，出卖人可以请求买受人支付全部价款或者解除合同。"该种"分期付款买卖"其标的物多为消费品，一般是买受人作为消费者为满足生活消费而发生的交易，出卖人向买受人授予了一定信用，而作为授信人的出卖人在价款回收上存在一定风险，为保障出卖人剩余价款的回收，出卖人在一定条件下可以行使解除合同的权利。

问36： 该股权质押如何设立？股权质押是否有效？（角度：是否构成"流质"）

[大前提]

1.《民法典》第443条第1款规定，以基金份额、股权出质的，质权自办理出质登记时设立。（登记设立）

2.《民法典》第428条规定，质权人在债务履行期届满前，与出质人约定债务人不履行到期债务时质押财产归债权人所有的，只能依法就质押财产优先受偿。

问37： 股东能否以超过诉讼时效为由，拒绝认缴出资的缴付？为什么？

[对应场景] 2021年，萱草公司要求股东甲缴足出资，公司章程约定出资期限是2010年，但现在股东甲尚有50万元的出资未实际缴付。

[大前提] 根据《公司法解释（三）》第19条第1款的规定，股东未履

行出资义务（包括抽逃出资、未足额出资），不得以出资超过诉讼时效为由进行抗辩。

课 后 练 习

练 习 1

[**案情**] 萱草食品公司为鄢某设立的一人公司，成立半年后公司拟新增资本扩大规模，鄢某和梦某洽谈，梦某愿意出资加入公司。二人就投资事项分别签订了书面协议。梦某在签约后即将100万款项转入鄢某的个人账户，但鄢某一直以各种理由拖延办理公司变更登记等手续，也未向梦某签发股权证书，公司也未出具收款收据。现梦某去查企业信息登记，发现并无自己名字的任何记载。

问题：梦某是否可向公司以及鄢某主张权利，主张何种权利？为什么？

✒**答题区**

▶ **答题要点**

梦某不能向公司主张权利。梦某只能向鄂某主张违约责任，请求返还所给付价款以及相应的损害赔偿。

（大前提）根据《公司法解释（三）》第22条的规定："当事人之间对股权归属发生争议，一方请求人民法院确认其享有股权的，应当证明以下事实之一：①已经依法向公司出资或者认缴出资，且不违反法律法规强制性规定；②已经受让或者以其他形式继受公司股权，且不违反法律法规强制性规定。"从该法条可知，"股东向公司出资"是确认其享有股东权的关键点。

（小前提+结论）本案中，梦某与鄂某个人签约，款项也是转入鄂某个人账户，梦某并无充分证据证明是和萱草公司之间的投资关系。所以，梦某只能向鄂某主张违约责任，请求返还所给付的投资以及相应的损害赔偿。

练 习 2

[案情] 甲与乙分别出资60万元和240万元共同设立新雨开发有限公司（下称"新雨公司"），由乙任执行董事并负责公司经营管理，甲任监事。乙同时为其个人投资的东风有限责任公司（下称"东风公司"）的总经理，东风公司需要租用仓库，乙擅自决定将新雨公司的一处房屋以低廉

的价格出租给东风公司。

甲知悉上述情况后，向乙提议召开一次股东会以解决该问题，乙以业务太忙为由迟迟未答应开会。（2007年真题）

问题： 针对乙将新雨公司的房屋低价出租给东风公司的行为，甲可以采取什么法律措施？

✎ **答题区**

▶ **答题要点**

甲可以维护公司利益为由向法院提起股东代表诉讼。

（大前提）根据《公司法》第151条的规定，公司合法权益受到董事、高级管理人员的损害，而公司又不能自行提起诉讼的情况下，股东可以提起股东代表诉讼以维护公司利益。

（小前提）本案中，乙是新雨公司执行董事，但擅自将公司的一处房屋低价出租，损害了公司利益，但这并非是股东甲的个人利益受损。

（结论）所以，股东甲为了维护新雨公司利益，可以采取的法律措施是提起股东代表诉讼。

提示：就 2007 年这道案例分析题，很多同学有两个疑问：

疑问 1："甲是股东，但同时任公司监事"，那么，当董事乙损害公司利益时，应该是"股东（甲）向监事（甲）"提出书面请求，既然是同一人，能否回答"甲是监事，可提起直接诉讼"呢？——不能，虽然主体重合，但该类诉讼的性质仍然是"代表诉讼"（因为并非股东个人利益受损，而是公司利益受损），不能回答为"直接诉讼"。

疑问 2：有的同学认为，甲的身份是监事，自然可以"以公司名义提起诉讼"。这个观点是错误的，监事并非公司法定代表人，也不是"公司诉讼代表人"，不能直接为了公司利益提起诉讼。其诉权限于"董事、高管害公司，股东要提起代表诉讼"这一环境下，当监事接受股东书面请求时，可以享有诉权。

所以本案中，即使甲的身份是监事，他采取的救济手段也是在"股东代表诉讼"框架内享有诉权，所以 2007 年官方参考答案只有一种解决途径，即"股东甲提起股东代表诉讼"，这是非常正确的。（参见《公司法》第 53 条监事职权可知，监事只有"依照本法第 151 条的规定，对董事、高级管理人员提起诉讼"的职权）

练 习 3

[**案情**] 萱草公司的股东大栗与其妻协议离婚，其妻要求大栗补偿 25 万元。大栗遂将其所持股权的 50% 根据离婚协议抵偿给妻子，萱草公司董事会批准了该协议。

问题：栗妻可否根据补偿协议获得大栗所持股权的 50%？为什么？

✍ **答题区**

　　答题要点

　　不能。

　　（大前提）根据《公司法》第71条第2款的规定，有限公司股东向股东以外的人转让股权，应当经其他股东过半数同意。

　　（小前提）本案中，大栗是公司股东，但其妻并非公司股东，二人基于离婚协议对股权的分割，应当比照有限公司股权对外转让处理。

　　（结论）所以，栗妻并不能基于离婚事实直接取得大栗一半的公司股权。

　　[**案情**] 高、张、罗、刘、魏五个自然人共同出资设萱草有限公司。高某为公司董事长，张任公司总经理，公司注册资本1000万元。在高某知情的情况下，张伪造刘、魏的签名，将刘、魏的全部股权转让至罗的名下，并办理了登记变更手续。罗某随后于2013年5月，在高某、张某均无

异议的情况下，将登记在其名下的全部股权作价 50 万元转让给不知情的殷小敏，也办理了登记变更等手续。

问题：

1. 罗某能否取得刘、魏的股权？为什么？

2. 殷小敏能否取得罗某转让的全部股权？为什么？

✏ 答题区

🔽 **答题要点**

1. 不能。

（大前提）依据商事习惯，罗某欲取得刘、魏的全部股权，应当由罗某和刘、魏进行协商。

（小前提）本案刘、魏的签字系由张某伪造，并且五人均为公司股东，难以证明罗某在主观上是善意。

（结论）所以，罗某不符合善意取得的构成，不能取得刘、魏的股权。

2. 可以。

（大前提）根据《公司法解释（三）》第 7 条第 1 款的规定："出资人以不享有处分权的财产出资，当事人之间对于出资行为效力产生争议的，人民法院可以参照民法典第 311 条的规定予以认定。"

（小前提+结论）本案中，罗某持有的股权分为两部分。一部分是罗某原持有的股权合法有效，故可以有效地转让给殷小敏。另一部分是罗某受让的刘、魏的股权，虽然罗某不享有处分权，但殷小敏不知情，并已支付对价 50 万且办理了股权登记变更等手续，符合"善意取得"的条件，所以，殷小敏可以取得罗某转让的全部股权。

练　习　5

[案情] 张大翔与 A 签订《股权转让协议》及《股权转让资金分期付款协议》。双方约定：A 将其持有的萱草有限公司 6.35% 股权转让给张大翔，股权合计 710 万元，分四期付清。双方在股权转让合同上明确约定"此协议一式两份，双方签字生效，永不反悔"。协议签订后，张大翔依约向 A 支付第一期股权转让款 150 万元，但在支付第二期股权转让款时张大翔逾期，经 A 催告仍逾期 2 月未支付。于是 A 以张大翔根本违约为由，提出解除股权转让协议。收到通知次日，张大翔即向 A 转账支付了第二期 150 万元股权转让款，并按照约定的时间和数额履行了后续第三、四期股权转让款的支付义务。工商登记也已经显示公司股东变更为张大翔。

A 坚持解除该股权转让协议，理由为"分期付款的买受人未支付到期价款的金额达到全部价款的 1/5 的，出卖人可以要求买受人支付全部价款或解除合同"（《民法典》第 634 条第 1 款）。双方遂发生纠纷。

本案一、二审审理过程中，张大翔均明确表示愿意履行付款义务。

（改编自最高人民法院指导案例67号：汤长龙诉周士海股权转让纠纷案）

问题：本案A根据《民法典》第634条之规定要求解除《股权转让资金分期付款协议》，能否得到法院的支持？

材料：《民法典》第634条："分期付款的买受人未支付到期价款的数额达到全部价款的1/5，经催告后在合理期限内仍未支付到期价款的，出卖人可以请求买受人支付全部价款或者解除合同。出卖人解除合同的，可以向买受人请求支付该标的物的使用费。"

✎ **答题区**

▶ 答题要点

A 的解除合同理由不能得到法院的支持。

（**大前提**）《民法典》第 634 条第 1 款规定："分期付款的买受人未支付到期价款的数额达到全部价款的 1/5 的，经催告后在合理期限内仍未支付到期价款的，出卖人可以请求买受人支付全部价款或者解除合同。"该种"分期付款买卖"其标的物多为消费品，一般是买受人作为消费者为满足生活消费而发生的交易，出卖人向买受人授予了一定信用，而作为授信人的出卖人在价款回收上存在一定风险，为保障出卖人剩余价款的回收，出卖人在一定条件下可以行使解除合同的权利。

（**小前提**）本案中，系股权转让分期付款合同，与一般以消费为目的分期付款买卖合同有以下较大区别：①张大翔受让股权是为参与公司经营管理并获取经济利益，并非满足生活消费；②股权一直存在于目标公司中，A 因分期回收股权转让款而承担的风险，与一般以消费为目的分期付款买卖中出卖人收回价款的风险并不同等；③双方解除股权转让合同，也不存在向受让人要求支付标的物使用费的情况，并且双方订立《股权转让资金分期付款协议》的合同目的能够实现。

（**结论**）所以，本案 A 根据《民法典》第 634 条第 1 款之规定要求解除合同依据不足。

补充： 本案生效判决，还从诚实信用角度，维护交易安全角度，以及实际上买受人已经付清全款并已参与公司经营管理，股权已经变更登记至买受人名下，是否对公司经营管理的稳定产生不利影响等多角度阐述适用《民法典》第634条之规定要求解除合同的依据不足。

（萱姑建议：同学们着重掌握"转让标的物不同"，能够从这一个角度写得清清楚楚、明明白白，考试就能够过关了）

裁判要点如下：有限责任公司的股权分期支付转让款中发生股权受让人延迟或者拒付等违约情形，股权转让人要求解除双方签订的股权转让合同的，不适用《民法典》第634条关于分期付款买卖中出卖人在买受人未支付到期价款的金额达到合同全部价款的1/5时即可解除合同的规定。

练 习 6

[案情] 甲甲与刘某共同设立萱草有限公司，由刘某任执行董事并负责公司经营管理，甲甲任监事。刘某同时为其个人投资的飞侠公司的总经理，飞侠公司欠A公司货款20万元未还。刘某与A公司达成协议约定：刘某将其在萱草公司8%的股权质押给A公司。

问题： A公司如想实现股权质权，需要证明哪些事实？

✎ **答题区**

```
............................................................................
............................................................................
............................................................................
............................................................................
............................................................................
```

▶ 答题要点

（大前提）根据《民法典》第443条第1款的规定，以股权出质的，质权自办理出质登记时设立。

（小前提+结论）所以，A公司需要证明股权质押已经到工商行政管理部门办理了登记。

练 习 7

[**案情**] 疆南公司章程规定，股东会由全体股东组成，是公司的最高权力机构，其职权包括：审议批准公司的利润分配方案和弥补亏损的方案。同时公司章程第29条规定："公司税后利润分配：根据股东会的决议按照当年利润的一定比例提取风险准备金、责任准备金、任意公积金，在弥补上一年的亏损后支付股东红利。"

2013年5月21日至5月27日之间，股东杨克京向疆南公司分3次借款551.25万元。杨克京至今未归还。

2017年1月1日，疆南公司给各股东发出书面通知，通知各股东于2017年1月19日召开股东会。股东会决议通过：同意公司发展计划，暂不向公司股东进行分红，对于股东的借款要求限期归还。同时股东大会决议通过公司对自然人股东所持股权进行部分回购。并对公司变更注册资本。

上述决议取得71.4%表决权通过。

另查明,《喀什疆南保安服务有限责任公司章程》第13条规定,股东会会议由股东按照出资比例行使表决权。该章程第14条规定,股东会会议分为定期会议和临时会议。召开股东会会议应当于会议15日以前通知全体股东。该章程第16条规定,股东会会议应对所议事项作出决议,决议应由代表1/2以上表决权的股东表决通过;股东会会议作出修改公司章程、增加或者减少注册资本的决议,以及公司合并、分立、解散或者变更公司形式的决议,必须经代表2/3以上表决权的股东通过。

2017年1月1日,疆南公司向包括杨克京在内的股东发出于2017年1月19日召开会议的通知。杨克京称其只接到了电话通知,并出席了该次会议。该次会议形成了《股东会决议》,主要内容为:暂不向公司股东进行分红;各股东在限期内归还借款,逾期不归还的股东将由公司对其股权进行回购。杨克京不同意《股东会决议》内容,未签字。

杨克京于2017年3月2日向一审法院提起诉讼,要求对疆南公司2010年9月至2016年9月财务收支及盈余情况进行鉴定,并请求撤销该项股东会决议。

(案例来源:中国裁判文书网)

问题:

1. 疆南公司作出不予分配公司利润的决议是否有效?

2. 疆南公司作出回购自然人股东股份的决议是否有效?

3. 杨克京提起诉讼要求对疆南公司2010年至2016年财务收支及盈余情况进行鉴定的请求是否能够得到法院支持?

✎ 答题区

_____

_____

_____

_____

_____

_____

_____

_____

_____

_____

▶ 答题要点

1. 有效。疆南公司股东会决议内容合法，程序无明显瑕疵，所以股东会决议有效。

2. 有效。疆南公司可以依据章程或股东会决议回购公司自然人股东的股权。该决议内容并未违反法律、行政法规或公司章程，且根据公司股东的出资情况以及公司章程中"股东按照出资比例行使表决权"的规定，该股东会决议表决权符合要求。所以股东会决议有效。

3. 不能得到支持。公司盈余分配是公司自主决策事项，是公司或股东基于自身的知识与经验做出的商业判断，因此法院在介入属于公司意思自治范畴的盈余分配事宜时应当谨慎。在审理公司盈余分配权纠纷时，一般是在公司董事会、股东会已形成盈余分配决议，而公司拒不执行该决议，致使股东依据该决议所享有的盈余分配给付请求权遭到侵害时，才进行干预，以保护股东利益。因此，杨克京要求对疆南公司财务收支及盈余情况进行鉴定的申请不应得到法院支持。

[**案情**] 2010 年 3 月 29 日，国祥公司将股东变更为贾敏超、黄加仕、邹丽娜。截至 2016 年 3 月，国祥公司的工商登记显示，股东为黄加仕、邹丽娜、贾敏超。

2016 年 7 月 26 日，邹丽娜向国祥公司及其法定代表人黄加仕分别邮寄《查阅会计账簿申请函》，申请函记载："为能全面了解贵司的真实经营状况、财务状况、维护邹丽娜作为股东的合法权益并有助于敦促贵司健全、规范、完善相关管理制度和措施。一、对下列材料进行查阅：2008 年 1 月 1 日~2015 年 12 月 31 日的会计账簿。二、对下列材料进行查阅、复制：①2008 年 1 月 1 日~2015 年 12 月 31 日的财务会计报告；②2008 年 1 月 1 日~2015 年 12 月 31 日的股东会会议记录。"同时，在国祥公司及黄加仕的 EMS 快递跟踪查询单均显示"2016 年 7 月 28 日该 EMS 快递已经被相关人员本人签收"。

2016 年 9 月 2 日，邹丽娜因国祥公司未履行《查阅会计账簿申请函》中的内容将其诉至法院。

另查明：

1. 国祥公司于 2013 年 7 月 1 日开始进行停业清算，清算组成员为黄加仕、贾敏超、邹丽娜，清算组长为邹丽娜，负责主持清算以及公司日常工作。

2. 邹丽娜同时是朗达公司与国富公司的法定代表人。该两家公司的经营范围与国祥公司营业执照上所列经营范围，具有相同或相似的情况。但这两家公司在 2014 年、2015 年、2016 年年度中作为计税依据的各项销售额均为零；2016 年、2017 年年度缴纳各项保险金的职工数量为零。

（案例来源：中国裁判文书网）

问题：

1. 根据现行《公司法》的相关规定，有限公司股东查阅公司会计账簿需要满足哪些条件?

2. 国祥公司能否以邹丽娜查阅会计账簿有不正当目的并可能损害公司合法利益为由拒绝提供查阅?

✎ 答题区

答题要点

1. 为了维护股东知情权与保护公司商业信息、秘密之间的利益平衡，股东知情权应限于一定的权利边界。现行《公司法》关于有限公司股东的知情权有如下规定：①股东要求查阅公司会计账簿的，应当向公司提出书面请求，说明目的；②公司有合理根据认为股东查阅会计账簿有不正当目的，可能损害公司合法利益的，可以拒绝提供查阅，并应当自股东提出书面请求之日起15日内书面答复股东并说明理由；③公司拒绝提供查阅的，股东可以请求法院要求公司提供查阅。

2. 不能拒绝。根据《公司法解释（四）》第8条第1项的规定，"股东自营或者为他人经营与公司主营业务有实质性竞争关系业务的"，法院应当认定股东在查账时有"不正当目的"，公司可以拒绝提供查阅。

本案，邹丽娜是公司监事并在国祥公司停业清算后担任清算组长，从该角度看其行使股东知情权并无不正当目的；另一方面，以邹丽娜作为法定代表人的朗达公司与国富公司无正常营业，二者与国祥公司存有同业竞争关系的主张并无事实依据。所以，国祥公司拒绝邹丽娜作为股东请求查阅公司会计账簿没有事实与法律依据。

提示：本案的焦点是：股东自营的公司与申请查账的公司之间经营范围有类似重合之处。故解决争议需要判断"公司是否有合理根据认为股东查阅会计账簿有不正当目的"。本案涉及维护股东知情权与保护公司商业信息、秘密之间的利益平衡。就股东知情权而言，其是股东行使其他权利的基础，旨在方便股东了解公司情况，参与股东大会的表决，监督公司的运营，以便更好地促进公司良好运营以及公司利益最大化的实现。但是，股东知情权应限于一定的权利边界，即以不损害公司合法利益为前提。

练 习 9

[**案情**] 萱草有限公司股东分别为小 a（儿子，占股35%），大 A（父亲，占股60%），路人甲（占股5%）。2月1日，大 A 向小 a 发出《股权

转让通知书》，载明："本人自愿以 15 万元价格转让 1% 股权，30 日内书面答复商定转让事宜。逾期将视为同意向他人转让。"小 a 表示愿意购买但作价太高，于是放弃。同年 3 月 10 日，大 A 与小 b（另一儿子）签订《股权转让协议一》，以 15 万元价格出让 1% 的股权并办理了股权变更登记。随后于 10 月 29 日，大 A 与小 b 签订《股权转让协议二》，以 62 万元出让给小 b 59% 的股权并办理了股权变更登记（以此测算第二次股权转让价格约为每 1% 价格 1.05 万元）。小 a 以侵犯其股东优先购买权为由提起诉讼，大 A 也表示第一次股权转让价格比第二次要价高，目的是为了让小 b 取得股东身份。

[改编自江苏省高级人民法院再审（2015）苏商再提字第 00068 号民事判决书——吴嶔崎与吴汉民确认合同无效纠纷]

问题：小 a 可以主张何种救济措施？

✎ **答题区**

答题要点

小 a 可以侵犯其股东优先购买权为由提起诉讼。

（**大前提**）根据《公司法解释（四）》第 21 条第 1、2 款的规定，有限责任公司的股东向股东以外的人转让股权，未就其股权转让事项征求其他股东意见，或者以欺诈、恶意串通等手段，损害其他股东优先购买权，其他股东主张按照同等条件购买该转让股权的，人民法院应当予以支持……前款规定的其他股东仅提出确认股权转让合同及股权变动效力等请求，未同时主张按照同等条件购买转让股权的，人民法院不予支持，但其他股东非因自身原因导致无法行使优先购买权，请求损害赔偿的除外。

（**小前提**）从本案具体案情分析，在 7 个月的时间内以极其悬殊的价格两次转让股权（第一次转让 1%的股权价格为 15 万元，第二次股权转让测算约每 1%价格为 1.05 万元），在公司资产没有发生显著变化的情形下，价格相差达 14 倍以上，这是不符合商业实践的。如果单纯从法律规则和技术层面上分析，这两步转让股权的操作并不违反《公司法》第 71 条的规定。但此操作的确达到了排除现有股东（小 a）行使优先购买权的目的，导致《公司法》关于股东优先购买权的立法目的落空。民事活动应当遵循诚实信用的原则，民事主体依法行使权利，不得恶意规避法律，侵犯第三人利益。

（**结论**）所以，小 a 可以侵犯其股东优先购买权为由提起诉讼。

练 习 10

[**案情**] 2021 年 6 月，股东高云欲退出萱草公司。经股东魏新、高云协商达成协议：高云从萱草公司取得退款 100 万元后退出，不再是公司股东；但为保持公司对外宣传的稳定，高云仍为萱草公司名义上的股东，其原持有萱草公司 50% 的股份，名义上由高云持有 40%，其余 10% 由萱草公司总经理罗某持有，罗某付 20 万元给高云以获得上述 10% 的股权，高云取得款项随后退出，据此，萱草公司股东变更登记为：魏新、高云、罗某。

问题：高云退出萱草公司的做法是否合法？为什么？

✎ **答题区**

答题要点

不合法。

（**大前提**）根据《公司法》第74条的规定，对股东会特定决议（诸如公司合并、分立、转让主要财产等）投反对票的股东，可以请求公司按照合理的价格收购其股权。

（**小前提**）本案未出现上述情形且公司章程对股东退出公司的条件和程序并无规定。股东高云从萱草公司取得100万元，这实质是股东高云抽逃公司资金。

（**结论**）所以高云退出萱草公司的做法不合法。

一、有限公司的治理结构

问38： 判断萱草公司治理结构是否合法？（或问：该案中组织机构和人员的组成是否合法？）

[对应场景] 公司无董事会、无监事会、无职工监事、"小孩疯子贪污犯，无能经理加老赖"担任董监高、任免董监高等情形。

易错：

1. 张大翔为萱草公司执行董事。在章程无特别规定的情形下，他是否有权决定聘任向某为公司总经理？（有权）

2. 张小翔任甲公司董事长，在章程无特别规定的情形下，他是否有权决定聘用罗某为公司总经理？（无权）

[大前提]

	董事会	监事会
组成	根据《公司法》第44、50条的规定……要点为： （1）股东人数较少或者规模较小的有限责任公司，可以不设立董事会； （2）国有有限责任公司，其董事会成员中应当有职工代表；	根据《公司法》第51条的规定……要点为： （1）股东人数较少或者规模较小的有限责任公司，可以不设立监事会； （2）监事会成员不得少于3人，职工代表的比例不得低于1/3；

续表

	董事会	监事会
组成	（3）职工代表由公司职工通过职工代表大会等形式民主选举产生。（非股东会任命）	（3）董事、高级管理人员不得兼任监事。
任期	根据《公司法》第45条的规定，董事每届任期不得超过3年，董事任期届满，连选可以连任。董事任期届满未及时改选，或者董事在任期内辞职导致董事会成员低于法定人数的，在改选出的董事就任前，原董事仍应当依照法律、行政法规和公司章程的规定履行董事职务。	根据《公司法》第52条第1款的规定，监事的任期每届为3年。监事任期届满，连选可以连任。
职权	根据《公司法》第46条的规定，董事会行使下列职权：……	根据《公司法》第53条的规定，监事会行使下列职权：对董事、高管的行为进行监督、提出罢免的建议、要求纠正损害公司利益的行为……（或答：依照《公司法》第151条的规定，对董事、高级管理人员提起诉讼）
任职资格	根据《公司法》第146条第1款第2项规定，因贪污、贿赂，被判处刑罚，执行期满未逾5年……不得担任公司的董事、监事、高级管理人员。（具体属于哪一种情况，要依据案情确定）	
义务	根据《公司法》第147~149条的规定，董事、监事、高级管理人员对公司负有忠实义务和勤勉义务。……董事、高级管理人员违反《公司法》第148条第1款的规定所得的收入应当归公司所有。执行公司职务时违反法律、行政法规或者公司章程的规定，给公司造成损失的，应当承担赔偿责任。	

问39：某公司股东会解聘董事 A，是否符合法律规定？ A 可以采取何种救济措施？（可要求离职补偿）

[对应场景] 董事 A 没有违法、违反章程的行为，但却被股东会无因解除。

[大前提]

1. 根据《公司法》第 37 条第 1 款第 2 项的规定，股东会行使下列职权：……②选举和更换非由职工代表担任的董事、监事，决定有关董事、监事的报酬事项；……（说明"股东会"有权解除职务）

2. 根据《公司法解释（五）》第 3 条的规定，董事任期届满前被股东会或者股东大会有效决议解除职务，其主张解除不发生法律效力的，人民法院不予支持。董事职务被解除后，因补偿与公司发生纠纷提起诉讼的，人民法院应当依据法律、行政法规、公司章程的规定或者合同的约定，综合考虑解除的原因、剩余任期、董事薪酬等因素，确定是否补偿以及补偿的合理数额。

二、公司的资本问题

问40： 萱草公司增加注册资本是否符合法律规定？（或问：公司增资时，股东会决议不按照出资比例增资，是否合法？公司增资决议效力如何?）

[对应场景]

1. 公司增资时，仅是现有股东增资，没有向外人融资。

2. 公司和外部投资者签订融资协议（增资协议），外部投资者带入资金，公司注册资本增加，同时外部投资者获得一定比例的股份。其结果会改变现有股东的持股比例，也会影响现有股东的"人合性"。就该种情形，目前尚有争论：

（1）一种观点认为，"向外部投资者融资"类似于"股权对外转让"，需要依据《公司法》第 71 条第 2 款的规定，经过其他股东过半数同意；

（2）另一种观点认为，应当依据《公司法》第 43 条第 2 款的规定，增加注册资本必须经代表 2/3 以上表决权的股东通过。

（上述两种观点尚无定论，建议同学们掌握一种观点，表述清晰）

[大前提]

1. 根据《公司法》第 34 条的规定，公司新增资本时，股东有权优先按照实缴的出资比例认缴出资。但是，全体股东约定不按照出资比例分取红利或者不按照出资比例优先认缴出资的除外。

2. 根据《公司法》第43条第2款的规定，股东会会议作出增加或者减少注册资本的决议必须经代表2/3以上表决权的股东通过。

3. 根据《公司登记管理条例》第31条第1款的规定，公司增加注册资本的，应当自变更决议或者决定作出之日起30日内申请变更登记。

4. 根据《公司登记管理条例》第31条第2款的规定，公司减少注册资本的，应当自公告之日起45日后申请变更登记。

5. 增资决议的效力（有效、可撤销、未成立、无效）需要从"决议内容"和"决议程序"两方面分析。（参见下文"决议效力"）

问41： 萱草公司增加（减少）注册资本的程序中，何时产生注册资本变更的法律效力？

[对应场景] 萱草公司在2021年5月8日召开股东会，作出公司增资1000万元的决议，并于2021年5月20日办理完毕公司注册资本的公司变更登记。

[大前提] 根据《公司法》第26条第1款的规定，有限责任公司的注册资本为在公司登记机关登记的全体股东认缴的出资额。（提示：根据该法条，自公司登记机关办理变更登记时，即产生注册资本变更的效力）

问42： 公司增加注册资本时，股东甲违反增资协议，应当如何处理？

[大前提] 根据《公司法解释（三）》第13条第4款的规定，股东在公司增资时未履行或者未全面履行出资义务的，该股东应向公司补足，并且有过错的董事、高级管理人员应承担相应责任。

三、决议效力的判断

问43： 召开股东会，但股东A的认缴出资未届履行期限，他如何行使表决权？（或问：公司股东会作出按照实际出资比例行使表决权的决议，该决议效力如何？）

[对应场景] 公司章程没有规定，现召开股东会，股东会决定按实缴出资比例来表决。

[大前提]

1. 根据《公司法》第 26 条第 1 款的规定，有限责任公司的注册资本为认缴资本制。据此可知，《公司法》承认股东出资的期限利益。股东认缴的出资未届履行期限，对未缴纳部分的出资是否享有以及如何行使表决权等，应当根据公司章程来确定。公司章程没有规定的，应当按照认缴出资的比例确定。

2. 如果股东会作出不按认缴出资比例而按实际出资比例或者其他标准确定表决权的决议，股东请求确认决议无效的，人民法院应当审查该决议是否符合修改公司章程所要求的表决程序，即必须经代表 2/3 以上表决权的股东通过。符合的，人民法院不予支持；反之，则依法予以支持。

问 44：萱草公司股东会（董事会）决议是否有效？为什么？（或问：分配利润的股东会决议中载明的利润分配完成时间，超过章程规定的时间，该项股东会决议效力如何？萱草公司作出的担保决议效力如何？）

[对应场景]

1. 涉及增资决议、变更董事、修改章程、合并分立解散等各种决议事项。

2. 章程约定"决议作出后 30 天内分红"，但 2019 年年度股东会决议约定"决议作出后 1 年内分红"。

3. 公司未按照决议程序作出的担保决议。

（决议效力的判断，需要从"决议内容"和"决议程序"两方面分析）

[大前提]

1. 无效。根据《公司法》第 22 条第 1 款的规定，决议内容违反法律、行政法规的无效。

2. 可撤销。根据《公司法》第 22 条第 2 款的规定，会议召集程序、表决方式违法（或答：①决议程序违反章程；②决议内容违反章程），股东可以请求法院撤销。

3. 不可撤销。根据《公司法解释（四）》第 4 条的规定，会议召集程序或者表决方式仅有轻微瑕疵，且对决议未产生实质影响的，法院不予支持撤销该决议。

4. 未成立。根据《公司法解释（四）》第5条的规定，公司未召开会议的（或答：①会议未对决议事项进行表决的；②出席会议的人数或者股东所持表决权不符合《公司法》或者章程规定的；③会议的表决结果未达到《公司法》或者章程规定的通过比例的），认定该决议尚未成立。

5. 分红决议。根据《公司法解释（五）》第4条第2款的规定，股东会决议中载明的利润分配完成时间超过公司章程规定时间的，股东可以请求法院撤销决议中关于该时间的规定。

6. 无关联担保决议。根据《公司法》第16条第1款的规定，公司向其他企业投资或者为他人提供担保，依照公司章程的规定，由董事会或者股东会、股东大会决议；公司章程对投资或者担保的总额及单项投资或者担保的数额有限额规定的，不得超过规定的限额。

7. 关联担保决议。根据《公司法》第16条第2、3款的规定，公司为公司股东或者实际控制人提供担保的，必须经股东会或者股东大会决议。前款规定的股东或者受前款规定的实际控制人支配的股东，不得参加前款规定事项的表决。该项表决由出席会议的其他股东所持表决权的过半数通过。

问45：（因决议瑕疵）股东A主张萱草公司和第三人的合同无效，能否得到法院支持？

[大前提] 根据《公司法解释（四）》第6条的规定，股东会或者股东大会、董事会决议被人民法院判决确认无效或者撤销的，公司依据该决议与善意相对人形成的民事法律关系不受影响。

问46：萱草公司的决议瑕疵，股东可以采取哪些救济手段？

[大前提] 根据《公司法》第22条第2~4款的规定，决议程序违法违章或者决议内容违章的，股东可以自决议作出之日起60日内，请求人民法院撤销。人民法院可以应公司的请求，要求股东提供相应担保。公司根据股东会或

者股东大会、董事会决议已办理变更登记的，人民法院宣告该决议无效或者撤销该决议后，公司应当向公司登记机关申请撤销变更登记。

课 后 练 习

练 习 1

[**案情**] 萱草公司共有 4 名股东，注册资本 200 万元。公司设立股东会、董事会、监事会，殷某任公司董事长兼总经理，李某、王某为公司董事，张某任监事会主席兼财务负责人。

问题：萱草公司的管理机构设置及人事安排是否合法？为什么？

答题区

答题要点

公司管理机构设置合法，公司管理人员安排不合法。公司财务负责人不能担任监事，也不能担任监事会主席。

练 习 2

[**案情**] 厚厚有限公司注册资本 5000 万元，股东为甲甲、高云等 4 人。章程规定设立时各股东须缴纳 10% 的出资，其余在 15 年内缴足；公司不设董事会与监事会，甲甲担任董事长，高云担任总经理并兼任监事。各股东均已按章程实际缴纳首批出资。

问题： 厚厚公司的治理结构，是否存在不规范的地方？为什么？

✎ **答题区**

▶ **答题要点**

存在。

（1）厚厚公司股东人数较少，不设董事会的做法符合《公司法》第 50 条第 1 款的规定，但此时甲甲的职位不应是董事长，而应是执行董事。

（2）厚厚公司股东人数较少，不设监事会符合《公司法》第 51 条第 1 款的规定。但是按该条第 4 款规定，董事、高级管理人员不得兼任监事，故高云不得兼任监事。

练 习 3

[**案情**] 萱草有限公司的章程规定，金额超过 10 万元的合同由董事会批准。翔叔是萱草公司的总经理。因公司业务需要车辆，翔叔便将自己的轿车租给萱草公司，并约定年租金 15 万元。后翔叔要求公司支付租金，股东们获知此事，一致认为租金太高，不同意支付。

问题：关于本案，应当如何处理？

✎ **答题区**

▶ 答题要点

董事会可以解聘翔叔，萱草公司有权拒付租金。

（大前提）根据《公司法》第148条第1款的规定："董事、高级管理人员不得有下列行为：……④违反公司章程的规定或者未经股东会、股东大会同意，与本公司订立合同或者进行交易；……"该"自我交易"的处理规则是"所得的收入应当归公司所有"。再者，根据《公司法》第46条第9项的规定，董事会职权包括"决定聘任或者解聘公司经理及其报酬事项"。

（小前提）具体到本案中，翔叔是公司高管，董事会可以决议解聘他。另外他将自己的轿车租给本公司的行为属"自我交易"，所以该笔租金应当归公司。既然公司有权取得翔叔从公司所得到的租金收入，那么萱草公司拒绝支付租金，二者效果相同。

（结论）所以，萱草公司可以采取的措施包括：有权拒付租金；董事会可以解聘翔叔。

练 习 4

[案情] 张、刘、向、高、魏共同投资设立萱草有限公司。各股东认缴的出资比例分别为44%、32%、13%、6%、5%。公司章程规定，股东会一般事项应由表决权过半数的股东同意。张某任董事长与法定代表人，刘某任公司总经理。萱草公司成立后业绩不佳，2020年6月10日，该公司召开股东会，限制张某对外签约合同金额为20万元，如超出20万元，张某须事先取得股东会同意。就该次决议，张某拒绝在决议上签字，其余4名股东一致同意。2020年12月，张某非常看好百果公司的一款新设备。张某即以萱草公司董事长身份，与百果公司签订了金额为50万元的设备购买合同。该项交易遭到其他四名股东一致反对。

问题：

1. 萱草公司该次股东会决议的效力如何？为什么？

2. 张某以萱草公司名义与百果公司签订的设备购买合同效力如何？为

什么？

✏ 答题区

────────────────────────

📌 **答题要点**

1. 该股东会决议有效。

（大前提+小前提）根据《公司法》第 46 条第 2 项的规定，董事会对股东会负责，执行股东会的决议。因此，本案中，股东会就董事长的职权行使作出限制，该决议内容不违法。

其次，根据《公司法》第43条的规定，股东会决议就一般事项不需要"2/3以上表决权"通过，而是由公司章程规定。本案中，公司章程规定，股东会一般事项只需要表决权过半数的股东同意。萱草公司共5名股东，张某认缴的出资比例为44%，其他4人持股比例合计56%，已经超过半数表决权。

（结论）所以，该次股东会决议程序合法，内容不违反《公司法》规定，是有效的决议。

2. 合同有效。

（大前提）根据《民法典》第504条的规定："法人的法定代表人或者非法人组织的负责人超越权限订立的合同，除相对人知道或者应当知道其超越权限外，该代表行为有效，订立的合同对法人或者非法人组织发生效力。"此即越权行为有效规则。

（小前提+结论）本案中，尽管萱草公司股东会限制了董事长的对外签约合同金额，但根据案情难以证明百果公司知道或者应当知道该决议内容，并且百果公司也没有审查萱草公司股东会决议或公司章程的法定义务。所以，该合同是有效的。

练 习 5

[**案情**] 2013年8月初，为进一步拓展市场、加强经营管理，公司拟引进战略投资者骐黄公司，并通过股东会形成如下决议（简称《1号股东会决议》）：第一，公司增资1000万元；第二，其中860万元，由骐黄公司认购；第三，余下的140万元，由丁认购，从而使丁在公司增资后的持股比例仍保持不变，而其他各股东均放弃对新股的优先认缴权；第四，缴纳新股出资的最后期限，为2013年8月31日。各股东均在决议文件上签字。（2015年真题）

问题：《1号股东会决议》的法律效力如何？为什么？

✎ 答题区

────────────────────────────

────────────────────────────

────────────────────────────

────────────────────────────

────────────────────────────

────────────────────────────

────────────────────────────

────────────────────────────

────────────────────────────

────────────────────────────

▣ **答题要点**

《1号股东会决议》为合法有效的股东会决议。

（大前提）根据《公司法》第22条第1、2款的规定，股东会决议内容违反法律、行政法规的无效。会议召集程序、表决方式违反法律、行政法规或者公司章程，或者决议内容违反公司章程的，该决议为可撤销决议。

（小前提）本案中，《1号股东会决议》是关于公司增资，该项增资决议是由公司股东会作出，符合《公司法》第37条股东会的职权范围。并且，该项决议关于增资数额、比例分配、缴纳出资期限为1个月，均未有法律禁止内容。此外，该次股东会决议均无明显程序瑕疵。

（结论）所以，《1号股东会决议》内容不违反现行法律、行政法规，程序上符合股东会决议的程序，是有效决议。

练习 6

[案情] 李某系佳动力公司的股东，并担任总经理。佳动力公司股权结构为：葛某持股40%，李某持股46%，王某持股14%。三位股东共同组成董事会，由葛某担任董事长，另两人为董事。公司章程规定：董事会行使包括聘任或者解聘公司经理等职权；董事会须由2/3以上的董事出席方才有效；董事会对所议事项作出的决定应由占全体股东2/3以上的董事表决通过方才有效。2009年7月18日，董事长葛某召集并主持董事会，三位董事均出席，会议形成了"鉴于总经理李某不经董事会同意私自动用公司资金在二级市场炒股，造成巨大损失，现免去其总经理职务，即日生效"等内容的决议。该决议由葛某、王某及监事签名，李某未在该决议上签名。

现有证据表明，上述事实存在重大偏差。李某在某证券公司进行800万元股票买卖，包括账户开立、资金投入及股票交易等系列行为，均系经董事长葛某同意后委托李某代表公司具体实施。因此，公司形成的罢免李某总经理的决议，是在失实基础上形成的。

李某现诉求对该董事会决议予以撤销，双方遂发生纠纷。

(改编自最高人民法院指导案例10号：李建军诉上海佳动力环保科技有限公司公司决议撤销纠纷案)

问题：对董事会作出解除李某总经理职务的决议，李某能否请求撤销？

✍ **答题区**

▶ 答题要点

　　李某请求撤销董事会决议的诉讼请求不成立，该项决议是有效决议。

　　（大前提）根据《公司法》第22条第2款的规定，董事会的会议召集程序、表决方式违反法律、行政法规或者公司章程，或者决议内容违反公司章程的，股东可以自决议作出之日起60日内，请求人民法院撤销。

　　（小前提）本案中，首先，董事会决议"私自动用公司资金在二级市场炒股造成巨大损失"的陈述，仅是董事会解聘李某总经理职务的原因，而决议内容是"董事会解聘总经理职务"，该内容本身并不违反公司章程，也不违反《公司法》的规定，董事会决议解聘李某总经理职务的原因如果不存在，并不导致董事会决议的撤销。

其次，本案召集程序为"董事会由董事长召集，三位董事均出席董事会"，表决方式为"董事会决议由三位股东（兼董事）中的两名表决通过"。故在召集程序、表决方式上均未违反法律、行政法规或公司章程的规定。

（结论）从上述分析可知，该项决议内容合法、程序无明显瑕疵，是有效决议。故李某请求撤销董事会决议的诉讼请求不成立。

公司经营中的纠纷

一、公司对外投资、担保、合同效力

问47：萱草公司的投资决议是否有效？投资合同效力如何？

[大前提]

1. 根据《公司法》第16条第1款的规定，投资的决议，可以按照章程的规定，由董事会或者股东会决议。

2. 投资合同效力，依据《民法典》确定。

问48：萱草公司是否要承担担保责任？（或问：萱草公司如何承担赔偿责任？）

[对应场景]

1. 公司为他人提供担保（无关联担保）时，董事长违反《公司法》第16条有关担保决议程序的规定。

2. 公司提供关联担保时，董事长违反《公司法》第16条有关担保决议程序的规定。

3. 公司担保没有召开股东会或董事会，但有2/3以上表决权股东签字同意担保事项。

4. 萱草公司的分支机构擅自提供担保。

[大前提]（根据具体案情，选择对应法律依据）

1. 根据《担保制度解释》第 7 条的规定，公司的法定代表人违反《公司法》关于公司对外担保决议程序的规定，超越权限代表公司与相对人订立担保合同，要分情况处理：

（1）相对人善意的，担保合同对公司发生效力；公司承担担保责任。

（2）相对人非善意的，担保合同对公司不发生效力；公司承担赔偿责任。（或答："公司依据过错承担赔偿责任"）（具体规定参照下文《担保制度解释》第 17 条）

2. "善意"，是指相对人在订立担保合同时不知道且不应当知道法定代表人超越权限（即未经股东会或者董事会决议）。相对人有证据证明已对公司决议进行了合理审查，人民法院应当认定其构成善意，但是公司有证据证明相对人知道或者应当知道决议系伪造、变造的除外。

3. 根据《担保制度解释》第 17 条的规定，主合同有效而第三人提供的担保合同无效，应当区分不同情形确定担保人的赔偿责任：

（1）债权人与担保人均有过错的，担保人承担的赔偿责任不应超过债务人不能清偿部分的 1/2；

（2）担保人有过错而债权人无过错的，担保人对债务人不能清偿的部分承担赔偿责任；

（3）债权人有过错而担保人无过错的，担保人不承担赔偿责任。

主合同无效导致第三人提供的担保合同无效，担保人无过错的，不承担赔偿责任；担保人有过错的，其承担的赔偿责任不应超过债务人不能清偿部分的 1/3。

4. 公司的分支机构未经公司股东（大）会或者董事会决议，以自己的名义对外提供担保：公司或者其分支机构不承担担保责任。（但是相对人不知道且不应当知道分支机构对外提供担保未经公司决议程序的除外）

5. 根据《担保制度解释》第 8 条第 1 款的规定：有下列情形之一，公司以其未依照《公司法》关于公司对外担保的规定作出决议为由主张不承担担保责任的，人民法院不予支持：

（1）金融机构开立保函或者担保公司提供担保；

（2）公司为其全资子公司开展经营活动提供担保；

（3）担保合同系由单独或者共同持有公司 2/3 以上对担保事项有表决权的股东签字同意。

问49：萱草公司与债权人 A 签订股权变更协议的性质如何？其法律效力如何？

[对应场景] 债务人或者第三人通过将动产、不动产或者股权等财产转让至债权人名下的方式，为主合同项下的债务提供担保的。（让与担保）

[大前提] 根据《担保制度解释》第 63 条的规定："债权人与担保人订立担保合同，约定以法律、行政法规尚未规定可以担保的财产权利设立担保，当事人主张合同无效的，人民法院不予支持。当事人未在法定的登记机构依法进行登记，主张该担保具有物权效力的，人民法院不予支持。"

结合《公司法》，我们主要分析"股权"的让与担保。要点包括：

1.（担保关系的认定）当事人之间通过合同设定的具有担保功能的权利义务关系，不存在《民法典》规定的合同无效情形的，应当认定合同有效。

2.（是否可优先受偿）如果作为担保财产的股权等已经进行变更登记的，可以参照股权质押的相关规定确定当事人间的权利义务关系。（即享有优先受偿权）

3.（禁止流质条款）在债务人不履行到期债务或者出现约定的事由时，债权人主张享有股权的，人民法院不予支持，但其与债务人事后就股权达成折价或者回购协议的除外。债务人可请求人民法院参照《民事诉讼法》"实现担保物权案件"的相关规定，拍卖、变卖股权。

问50：关联交易中，就公司的损失，谁应当对公司承担赔偿责任？（或问：其他股东可采取何种救济措施？）

[对应场景] 甲是大萱公司第一大股东并任董事长，同时是小萱公司股东、监事。2018 年大萱公司与小萱公司签订《经销商合同书》，授权小萱公司为大萱公司产品的 A 市独家经销商，但享有省级经销商价格优惠待遇，并由

大萱公司无条件承担小萱公司全部市场经营费用，这使得大萱公司1年多花费百万余元。但该项交易大萱公司召开了股东会并经合法表决通过。

[大前提]

1. 根据《公司法》第21条第2款的规定，公司的<u>控股股东、实际控制人、董事、监事、高级管理人员</u>不得利用其关联关系损害公司利益。违反前款规定，给公司造成损失的，应当承担赔偿责任。

2. 根据《公司法解释（五）》第1条的规定，关联交易损害公司利益，被告仅以该交易已经<u>履行</u>了信息披露、经股东会或者股东大会同意等法律、行政法规或者公司章程规定的<u>程序</u>为由抗辩的，人民法院<u>不予支持</u>。公司没有提起诉讼的，符合条件的股东可以提起股东代表诉讼。

3. 根据《公司法解释（五）》第2条的规定，关联交易合同存在无效、可撤销或者对公司不发生效力的情形，公司没有起诉合同相对方的，符合条件的股东可以提起股东代表诉讼。

问51：外部投资者A公司与萱草公司<u>股东梦某</u>签订的"估值调整协议"是否有效？（与股东签订对赌协议）

[对应场景] "对赌协议"，又称"估值调整协议"，是指投资方与融资方在达成股权性融资协议时，为解决交易双方对目标公司未来发展的不确定性、信息不对称以及代理成本等问题而设计的包含了股权回购、金钱补偿等对未来目标公司的估值进行调整的协议。可分为：①与股东签订的对赌协议；②与公司签订的对赌协议。

[大前提] 根据民法原理，对于投资方与目标公司的股东或者实际控制人订立的"对赌协议"，如无其他无效事由，应认定有效并支持实际履行。

问52：外部投资者A公司与萱草公司签订的"估值调整协议"是否有效？（与公司签订对赌协议）

提示： 与公司签订的对赌协议，协议有效；但实际履行分情况。

[大前提]

1. 合同效力：根据民法原理，投资方与目标公司订立的"对赌协议"在不存在法定无效事由的情况下，该协议有效。

2. 回购股份：依据《公司法》的相关规定，投资方主张实际履行的，人民法院应当审查是否符合公司法关于"股东不得抽逃出资"及股份回购的强制性规定，判决是否支持其诉讼请求。投资方请求目标公司回购股权的，人民法院应当依据《公司法》第 35 条关于"股东不得抽逃出资"或者第 142 条（此为"股份公司"回购条款）关于股份回购的强制性规定进行审查。经审查，目标公司未完成减资程序的，人民法院应当驳回其诉讼请求。

3. 金钱补偿：投资方请求目标公司承担金钱补偿义务的，人民法院应当依据《公司法》第 35 条关于"股东不得抽逃出资"和第 166 条关于利润分配的强制性规定进行审查。经审查，目标公司没有利润或者虽有利润但不足以补偿投资方的，人民法院应当驳回或者部分支持其诉讼请求。今后目标公司有利润时，投资方还可以依据该事实另行提起诉讼。

问 53：萱草公司签订的技术转让合同是否有效？设备抵押效力如何？他人可否请求法院撤销萱草公司的捐赠？

[对应场景] 民法中所有的合同纠纷，都可以加到"萱草公司"头上。

[大前提] 根据《民法典》的相关规定。

二、公司债务清偿问题

问 54：债权人主张股东 A 对公司债务承担连带责任，是否能得到法院支持？

[对应场景] 案情出现"人格混同""过度支配与控制""资本显著不足"等各种滥用股东权的情形，则构成人格否认。[1]

---

〔1〕　具体情形可参见《九民纪要》（但答题直接引用《公司法》第 20 条第 3 款）：

1. [人格混同] 认定公司人格与股东人格是否存在混同，最根本的判断标准是公司是否具有独立意思和独立财产，最主要的表现是公司的财产与股东的财产是否混同且无法区分。在认定是否

[大前提] 根据《公司法》第20条第3款的规定，股东滥用公司法人独立地位和股东有限责任，逃避债务，严重损害公司债权人利益的，应当否定公司法人人格，由滥用权力的股东对公司债务承担连带责任。

指导案例："徐工集团工程机械股份有限公司诉成都川交工贸有限责任公司等买卖合同纠纷案"。裁判要点如下：

1. 关联公司的人员、业务、财务等方面交叉或混同，导致各自财产无法区分，丧失独立人格的，构成人格混同。

2. 关联公司人格混同，严重损害债权人利益的，关联公司相互之间对

构成人格混同时，应当综合考虑以下因素：

（1）股东无偿使用公司资金或者财产，不作财务记载的；

（2）股东用公司的资金偿还股东的债务，或者将公司的资金供关联公司无偿使用，不作财务记载的；

（3）公司账簿与股东账簿不分，致使公司财产与股东财产无法区分的；

（4）股东自身收益与公司盈利不加区分，致使双方利益不清的；

（5）公司的财产记载于股东名下，由股东占有、使用的；

（6）人格混同的其他情形。

在出现人格混同的情况下，往往同时出现以下混同：公司业务和股东业务混同；公司员工与股东员工混同，特别是财务人员混同；公司住所与股东住所混同。人民法院在审理案件时，关键要审查是否构成人格混同，而不要求同时具备其他方面的混同，其他方面的混同往往只是人格混同的补强。

2. [过度支配与控制] 公司控制股东对公司过度支配与控制，操纵公司的决策过程，使公司完全丧失独立性，沦为控制股东的工具或躯壳，严重损害公司债权人利益，应当否认公司人格，由滥用控制权的股东对公司债务承担连带责任。实践中常见的情形包括：

（1）母子公司之间或者子公司之间进行利益输送的；

（2）母子公司或者子公司之间进行交易，收益归一方，损失却由另一方承担的；

（3）先从原公司抽走资金，然后再成立经营目的相同或者类似的公司，逃避原公司债务的；

（4）先解散公司，再以原公司场所、设备、人员及相同或者相似的经营目的另设公司，逃避原公司债务的；

（5）过度支配与控制的其他情形。

控制股东或实际控制人控制多个子公司或者关联公司，滥用控制权使多个子公司或者关联公司财产边界不清、财务混同，利益相互输送，丧失人格独立性，沦为控制股东逃避债务、非法经营，甚至违法犯罪工具的，可以综合案件事实，否认子公司或者关联公司法人人格，判令承担连带责任。

3. [资本显著不足] 资本显著不足指的是，公司设立后在经营过程中，股东实际投入公司的资本数额与公司经营所隐含的风险相比明显不匹配。股东利用较少资本从事力所不及的经营，表明其没有从事公司经营的诚意，实质是恶意利用公司独立人格和股东有限责任把投资风险转嫁给债权人。由于资本显著不足的判断标准有很大的模糊性，特别是要与公司采取"以小博大"的正常经营方式相区分，因此在适用时要十分谨慎，应当与其他因素结合起来综合判断。

外部债务承担连带责任。

问55：债权人如何提起公司人格否认诉讼？（或问：①法院如何确定当事人的诉讼地位？②构成人格否认时，债权人应当如何救济？）

[大前提] 根据民事诉讼法原理，人民法院在审理公司人格否认纠纷案件时，应当根据不同情形确定当事人的诉讼地位：

1.（后-公司为第三人）债权人对债务人公司享有的债权已经由生效裁判确认，其另行提起公司人格否认诉讼，请求股东对公司债务承担连带责任的，列股东为被告，公司为第三人。

2.（中-共同被告）债权人对债务人公司享有的债权提起诉讼的同时，一并提起公司人格否认诉讼，请求股东对公司债务承担连带责任的，列公司和股东为共同被告。

3.（前-共同被告）债权人对债务人公司享有的债权尚未经生效裁判确认，直接提起公司人格否认诉讼，请求公司股东对公司债务承担连带责任的，人民法院应当向债权人释明，告知其追加公司为共同被告。债权人拒绝追加的，人民法院应当裁定驳回起诉。

问56：公司经营出现困境，公司债务应当如何清偿？（或问：谁应对公司的债务承担清偿责任？）

[对应场景]

1. 案情中出现股东有出资瑕疵、抽逃出资情形。

2. 案情中出现"实际出资人-名义股东"，即有代持股关系。

3. 案情中出现分公司的债务清偿、子公司的债务清偿。

[大前提]

1. 根据《公司法解释（三）》第13条的规定，未履行或者未全面履行出资义务的股东，在未出资本息范围内对公司债务不能清偿的部分承担补充赔偿责任。

2. 在注册资本认缴制下，股东依法享有期限利益。债权人以公司不能清偿到期债务为由，请求<u>未届出资期限</u>的股东在未出资范围内对公司不能清偿的债务承担补充赔偿责任的，人民法院不予支持。但是，下列情形除外：

（1）（<u>准破产</u>）公司作为被执行人的案件，人民法院穷尽执行措施发现无财产可供执行，已具备破产原因，但不申请破产的；

（2）（<u>恶意延长</u>）在公司债务产生后，公司通过股东（大）会决议或以其他方式延长股东出资期限的；

（3）（<u>破产</u>）公司解散、被法院受理破产时。

3. 根据《公司法解释（三）》第14条第2款的规定，债权人可请求抽逃出资的股东在抽逃出资本息范围内对公司债务不能清偿的部分承担补充赔偿责任、协助抽逃者承担连带责任。

4. 根据"<u>深石原则</u>"理论，若公司债权人同时是该公司股东，且该股东有出资不足、抽逃出资、不当控制公司等情形，即当公司同时存在"关联债权"与"外部债权"时，对外部债权人清偿优先。

5. 根据《公司法解释（三）》第26条第1款的规定，公司债务不能清偿时，债权人可请求名义股东在未出资本息范围内承担补充赔偿责任。

6. 根据《公司法》第14条的规定，分公司的民事责任由总公司承担。子公司具有法人资格，依法独立承担民事责任。

三、公司解散、清算、破产

（一）公司解散、清算

问57：**法院作出解散公司的判决是否合理？为什么？（即分析公司是否构成僵局？）**

指导案例："林方清诉常熟市凯莱实业有限公司、戴小明公司解散纠纷案"。

[对应场景] 案情出现公司"2年不开花；2年不结果；吵成一锅粥"的情形。

[大前提]

1. 根据《公司法》第182条的规定，公司经营管理发生严重困难，继续存续会使股东利益受到重大损失，通过其他途径不能解决的。

2. 根据《公司法解释（二）》第 1 条第 1 款的规定：①公司持续 2 年以上无法召开股东会或者股东大会，公司经营管理发生严重困难的；②股东表决时无法达到法定或者公司章程规定的比例，持续 2 年以上不能做出有效的股东会或者股东大会决议，公司经营管理发生严重困难的；③公司董事长期冲突，且无法通过股东会或者股东大会解决，公司经营管理发生严重困难的；④经营管理发生其他严重困难，公司继续存续会使股东利益受到重大损失的情形。

问 58：萱草公司解散后，其后续行为及其状态是否符合法律规定？为什么？（或问：应对萱草公司行为如何评价？为什么？）

[对应场景] 解散后，公司不清算，继续经营。

[大前提] 根据《公司法》第 183～188 条的规定，公司解散后应实行如下行为：①及时成立清算组；②清算组进行各项清算工作；③清算结束后，申请注销公司登记，公告公司终止。

（二）公司法+破产法

问 59：执行程序转化为破产程序后，如何衔接？

[对应场景] 执行程序中，发现被执行的 A 公司出现"资不抵债+不能清偿"等破产原因。

[大前提]

1. 根据《企业破产法》第 19 条的规定，人民法院受理破产申请后，有关债务人财产的保全措施（冻结、扣押、查封）应当解除，执行程序应当中止。

2. 根据《破产法解释（三）》第 1 条的规定，人民法院裁定受理破产申请的，此前未终结的执行程序中产生的评估费、公告费、保管费等执行费用，可以参照《企业破产法》关于破产费用的规定，由债务人财产随时清偿。（此前债务人尚未支付的案件受理费、执行申请费，可以作为破产债权清偿）

问 60：在破产程序中，对债权有异议的应当如何处理？

[对应场景] 当事人之间订立有仲裁条款，现一方被受理破产，但对债权

存在异议。

[大前提] 根据《破产法解释（三）》第 8 条的规定，债务人、债权人对债权表记载的债权有异议的……异议人应当在债权人会议核查结束后 15 日内向人民法院提起债权确认的诉讼。当事人之间在破产申请受理前订立有仲裁条款或仲裁协议的，应当向选定的仲裁机构申请确认债权债务关系。

问 61：关联企业 A、B、C 三个公司均破产，能否实质合并破产？（或问：本案采取实质合并审理的，债权债务应当如何处理？）

[对应场景] 关联企业成员之间存在法人人格高度混同、区分各关联企业成员财产的成本过高、严重损害债权人公平清偿利益时。（如：甲公司经营状况恶化，为了维持发展，甲公司经常从其全资子公司处抽调资金供自己使用，在其子公司资金发生紧缺时，就在其名下各个全资子公司之间相互抽取资金使用，致使甲公司与各个全资子公司财务账目混乱不清。甲公司欠庚公司与辛公司的债务到期后无法清偿，庚公司认为甲公司无法偿还债务，于是申请对甲公司及其全部全资子公司进行合并重整。）

[大前提]

1.（"实质合并"和"程序合并"[1]）根据公司法、企业破产法相关原理，当关联企业成员之间存在法人人格高度混同、区分各关联企业成员财产的成本过高、严重损害债权人公平清偿利益时，可例外适用关联企业实质合并破产方式进行审理。（《全国法院破产审判工作会议纪要》）

2.（实质合并破产时债务清偿）根据"实质合并"方式审理关联企业破产案件的相关规定，人民法院裁定采用实质合并方式审理破产案件的，各关联企业成员之间的债权债务归于消灭，各成员的财产作为合并后统一的破产财产，由各成员的债权人在同一程序中按照法定顺序公平受偿。

采用实质合并方式进行重整的，重整计划草案中应当制定统一的债权分

---

〔1〕 关联企业破产，如果不存在人格高度混同，则不采取"实质合并破产"，但可采取"程序合并"。

类、债权调整和债权受偿方案。

问 62：萱草公司被受理破产后，股东 A 尚未缴纳完出资，应如何处理？

[大前提] 根据《企业破产法》第 35 条的规定，法院受理破产申请后，债务人的出资人尚未完全履行出资义务的，管理人应当要求该出资人缴纳所认缴的出资，而不受出资期限的限制。

问 63：萱草公司被受理破产后，对董事、高管的非正常收入，应如何处理？

[大前提]

1. 根据《企业破产法》第 36 条的规定，债务人的董事、监事和高级管理人员利用职权从企业获取的非正常收入和侵占的企业财产，管理人应当追回。

2. 根据《破产法解释（二）》第 24 条第 1、2 款的规定，当债务人企业出现破产原因时，其董事、监事和高级管理人员利用职权获取的绩效奖金（或答：①普遍拖欠职工工资情况下获取的工资性收入；②其他非正常收入），属于非正常收入。管理人可主张上述人员予以返还。

问 64：萱草公司被受理破产，之后 A 公司出借给萱草公司 100 万元用于重整，该笔借款的性质如何定性？如何清偿？（性质为：共益债务）

[大前提]

1. 根据《企业破产法》第 75 条第 2 款的规定，在重整期间，债务人或者管理人为继续营业而借款的，可以为该借款设定担保。

2. 根据《破产法解释（三）》第 2 条第 1 款的规定，破产申请受理后，管理人或者自行管理的债务人可以为债务人继续营业而借款。该项新借款优先于普通破产债权清偿。（但不能优先于此前已就债务人特定财产享有担保的债权清偿）

问65：萱草公司在破产受理前，曾经清偿的某一笔债务，是否有效，应当如何处理？

[对应场景] 各个时间段的清偿、抵销行为。

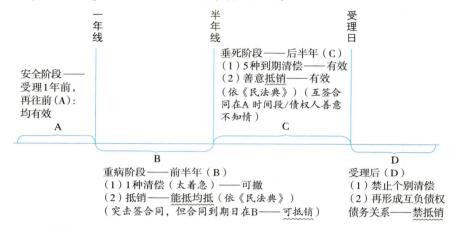

[大前提]

1. 根据《企业破产法》第31条的规定，受理破产申请前1年内，无偿转让债务人财产的（或答：①以明显不合理的价格进行交易的；②对没有财产担保的债务提供财产担保的；③放弃债权的），管理人有权请求法院予以撤销。

2. 根据《企业破产法》第31条的规定，受理破产申请前1年内，债务人对未到期的债务提前进行清偿的效力，需要分情况讨论。

3. 《企业破产法》第32条规定："人民法院受理破产申请前6个月内，债务人有本法第2条第1款规定的情形（提示：**出现破产原因**），仍对个别债权人进行清偿的，管理人有权请求人民法院予以撤销。但是，个别清偿使债务人财产受益的除外。"（也可选择《破产法解释（二）》第12、16条作为大前提）

问66：萱草公司被法院受理破产，其和债权人A的抵销，是否有效？

[对应场景]

1. 甲是萱草公司的股东，但拖欠出资款10万元。基于一份有效的购货协

议，萱草公司尚欠甲货款 10 万元。甲主张双方均无需清偿，是否符合法律规定？（不符合）

2. 判断各个时间段的抵销行为。

[大前提]

1. 根据《企业破产法》第 40 条的规定，债权人在破产申请受理前对债务人负有债务的，可以向管理人主张抵销。但是，有下列情形之一的，不得抵销：①债务人的债务人在破产申请受理后取得他人对债务人的债权的。②债权人已知债务人有不能清偿到期债务或者破产申请的事实，对债务人负担债务的；但是，债权人因为法律规定或者有破产申请 1 年前所发生的原因而负担债务的除外。③债务人的债务人已知债务人有不能清偿到期债务或者破产申请的事实，对债务人取得债权的；但是，债务人的债务人因为法律规定或者有破产申请 1 年前所发生的原因而取得债权的除外。

2. 《破产法解释（二）》第 43~46 条。重点关注：

第 43 条规定，债权人主张抵销，管理人以下列理由提出异议的，人民法院不予支持：①破产申请受理时，债务人对债权人负有的债务尚未到期；②破产申请受理时，债权人对债务人负有的债务尚未到期；③双方互负债务标的物种类、品质不同。

第 46 条规定，债务人的股东主张以下列债务与债务人对其负有的债务抵销，债务人管理人提出异议的，人民法院应予支持：①债务人股东因欠缴债务人的出资或者抽逃出资对债务人所负的债务；②债务人股东滥用股东权利或者关联关系损害公司利益对债务人所负的债务。

问 67：萱草公司被法院受理破产，A 公司主张取回一批货物，A 公司的主张能否得到法院支持？

[对应场景] 萱草公司占有、保管、租赁他人财产；或者，在异地交易中，出卖人要求取回在途标的物。

[大前提]

1. （占有、保管等）根据《企业破产法》第 38 条的规定，人民法院受理破产申请后，债务人占有的不属于债务人的财产，该财产的权利人可以通过管理人取回。（根据《破产法解释（二）》第 28 条的规定，权利人未向管理人支付相关的加工费、保管费、托运费、委托费、代销费等费用，管理人可拒绝其取回相关财产）

2.（异地交易）根据《企业破产法》第 39 条的规定，出卖人已将买卖标的物向债务人发运，债务人尚未收到且未付清全部价款的，出卖人可以取回在运途中的标的物。但是，管理人可以支付全部价款，请求出卖人交付标的物。

问 68：萱草公司受理破产后（或受理前），将保管的 A 公司一批货物高价出售，A 可以采取何种救济手段保护自己的利益？

［大前提］根据《破产法解释（二）》第 30～32 条的规定……

总结（根据案情所给条件，选择下列情形回答）：

1. 无权处分发生在破产受理之前

［情形 1］第三人善意取得，则原权利人因财产损失形成的债权，作为普通破产债权清偿。

［情形 2］第三人未善意取得，则因第三人已支付对价而产生的债务，作为普通破产债权清偿。

2. 无权处分发生在破产受理之后

［情形 1］第三人善意取得，则因管理人或者相关人员执行职务导致原权利人损害产生的债务，作为共益债务清偿。

［情形 2］第三人未善意取得，对因第三人已支付对价而产生的债务，作为共益债务清偿。

3. 毁损、灭失纠纷

［情形 1］财产毁损、灭失发生在破产申请受理前的，权利人财产损失作为普通破产债权清偿。

［情形 2］财产毁损、灭失发生在破产申请受理后的，导致权利人损害产生的债务，作为共益债务清偿。

问69： 萱草公司被受理破产，管理人发现它与甲公司签订的买卖合同约定有标的物所有权保留条款，该合同应当如何处理？

提示： 该类合同定性为"双方均未履行完毕的合同"。

[大前提]《企业破产法》第 18 条规定，管理人对破产申请受理前成立而债务人和对方当事人均未履行完毕的合同有权决定解除或者继续履行，并通知对方当事人。……管理人决定继续履行合同的，对方当事人应当履行；但是，对方当事人有权要求管理人提供担保。管理人不提供担保的，视为解除合同。

（或根据《破产法解释（二）》第 34～38 条的规定，结合案情条件，择一回答）

问70： 萱草公司破产案件中，哪些权利可作为破产债权申报？

[对应场景] 要关注特殊情况，如担保物权人申报、保证债权的申报、主债务人和保证人均破产情况下的申报。

[大前提]

1.《企业破产法》第 47～54 条。

2.《破产法解释（三）》第 1、4、5 条。

总结： 下列权利可以作为破产债权申报：

1. 有担保的债权；未到期的债权；附条件、附期限的债权；诉讼、仲裁未决的债权；（破产前产生的）利息请求权。

2. 债务人尚未支付的案件受理费、执行申请费，可以作为破产债权清偿。（《破产法解释（三）》第 1 条第 2 款）

不要混淆： "人民法院裁定受理破产申请的，此前债务人尚未支付的公司强制清算费用、未终结的执行程序中产生的评估费、公告费、保管费等执行费用，可以参照《企业破产法》关于破产费用的规定，由债务人财产随时清偿。"

3. 保证债权

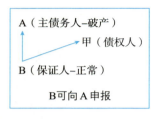

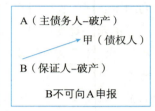

（1）保证人或者其他连带债务人已经代替债务人清偿债务的，以其对债务人的求偿权，可申报债权。债务人的保证人或者其他连带债务人尚未代替债务人清偿债务的，以其对债务人的将来求偿权，可申报债权。但是，债权人已经向管理人申报全部债权的除外。

（2）保证人被裁定进入破产程序：保证债权加速到期，一般保证的保证人不得主张行使先诉抗辩权。

（3）债务人、保证人均被裁定进入破产程序：债权人有权向债务人、保证人分别申报债权。保证人履行保证责任后不再享有求偿权。

4. 其他可申报类型。（略）

问71：未申报债权的权利人能否得到分配？

[对应场景] 2017年3月1日栗子化工公司被宣告破产，并依法进行了部分财产的分配；此时远在蒙古国的萱草公司向管理人声称因一直未获知栗子化工公司的相关信息，其享有对栗子公司的500万元货款债权于2017年8月15日到期。经管理人审核，该项债权属实。

[大前提] 根据《企业破产法》第56条的规定，在人民法院确定的债权申报期限内，债权人未申报债权的，可以在破产财产最后分配前补充申报；但是，此前已进行的分配，不再对其补充分配。为审查和确认补充申报债权的费用，由补充申报人承担。债权人未依照本法规定申报债权的，不得依照本法规定的程序行使权利。

问72： 萱草公司的抵押权人甲公司主张优先受偿，能否得到法院支持？

（注意区分：<u>破产受理后禁止个别清偿，所以不能得到法院支持；破产宣告后，可主张优先受偿</u>）

[大前提]

1. 根据《企业破产法》第109条的规定，对破产人的特定财产享有担保权的权利人，对该特定财产享有优先受偿的权利。

2. 根据《企业破产法》第110条的规定，享有优先受偿权利的债权人未能完全受偿的，其未受偿的债权作为普通债权；放弃优先受偿权利的，其债权作为普通债权。

四、票据纠纷（公司法+票据法）

问73： 某票据质押是否有效？该张票据被质押，是否符合法律规定？

[对应场景]

1. 出票人A公司记载……该票据后续行为如何处理？

2. 背书人B公司记载……该票据后续行为如何处理？

[大前提]

行　　为	大前提
质押设定	《票据规定》第54条规定，以汇票设定质押时，出质人在汇票上只记载了"质押"字样未在票据上签章的，或者出质人未在汇票、粘单上记载"质押"字样而另行签订质押合同、质押条款的，不构成票据质押。（字样+签章）
出票记载	1.《票据规定》第52条规定，出票人在票据上记载"不得转让"字样，其后手以此票据进行贴现、质押的，通过贴现、质押取得票据的持票人主张票据权利的，人民法院不予支持。 2.《票据法》第27条第2款规定，出票人在汇票上记载"不得转让"字样的，汇票不得转让。（后续背书，均为无效背书转让） 3.《票据法》第22条规定，汇票必须记载无条件支付的委托。（如果出票人记载"附条件支付的委托"，是"对物抗辩"的理由）

续表

行　　为	大前提
背书记载 "禁转、 质押、 委托收款"	1. 《票据法》第 34 条规定，背书人在汇票上记载"不得转让"字样，其后手再背书转让的，原背书人对后手的被背书人不承担保证责任。 2. 《票据法》第 35 条第 1 款规定，背书记载"委托收款"字样的，被背书人有权代背书人行使被委托的汇票权利。但是，被背书人不得再以背书转让汇票权利。 3. （对后手的限制）《票据规定》第 50 条规定，背书人在票据上记载"不得转让""委托收款""质押"字样，其后手再背书转让、委托收款或者质押的，原背书人对后手的被背书人不承担票据责任。
背书 附条件	《票据法》第 33 条第 1 款规定，背书不得附有条件。背书时附有条件的，所附条件不具有汇票上的效力。
期后背书	《票据法》第 36 条规定，汇票被拒绝承兑、被拒绝付款或者超过付款提示期限的，不得背书转让；背书转让的，背书人应当承担汇票责任。
票据被 公示催告	《票据规定》第 33 条规定，在公示催告期间，以公示催告的票据质押、贴现，因质押、贴现而接受该票据的持票人主张票据权利的，人民法院不予支持，但公示催告期间届满以后人民法院作出除权判决以前取得该票据的除外。

问74：是否构成票据保证？该票据保证是否有效？

[大前提]

1. 根据《票据法》第 46 条的规定，保证人必须在汇票或者粘单上记载"保证"的字样并有保证人签章。

2. 根据《票据法》第 49 条的规定，保证人对合法取得汇票的持票人所享有的汇票权利，承担保证责任。但是，被保证人的债务因汇票记载事项欠缺而无效的除外。

3. 根据《票据法》第 48 条的规定，票据保证附有条件的，不影响对汇票的保证责任。

4. 根据《票据法》第 50 条的规定，被保证的汇票，保证人应当与被保证人对持票人承担连带责任。汇票到期后得不到付款的，持票人有权向保证人请求付款，保证人应当足额付款。

五、保险纠纷（公司法+保险法）

问75：就萱草公司投保的该批货物损失，A 保险公司是否要承担赔偿保险金的责任？

[对应场景] 萱草公司投保的货物，或者该批货物用途的改变，或该批货物所处环境的变化，或因为因改装等原因，总之导致货物的危险程度显著增加。

[大前提] 根据《保险法》第 52 条的规定，保险标的的危险程度显著增加的，被保险人应当及时通知保险人。被保险人未履行通知义务的，因保险标的的危险程度显著增加而发生的保险事故，保险人不承担赔偿保险金的责任。

问76：A 保险公司提出的代位求偿权之诉，可以由哪个法院管辖？

[对应场景] 萱草公司的保险标的所在地为甲，侵权事故发生地为乙，侵权人住所地为丙，A 保险公司向被保险人（萱草公司）赔偿之后，A 保险公司向法院提起代位求偿之诉。（乙或丙地法院有管辖权）

[大前提] 根据《保险法解释（四）》第 12 条的规定："保险人以造成保险事故的第三者为被告提起代位求偿权之诉的，以被保险人与第三者之间的法律关系确定管辖法院。"

问77：A 保险公司向萱草公司支付赔偿金后，可以向谁主张代位请求权？

[对应场景] 在萱草公司保险标的受损案中，既有违约方甲、又有侵权方乙。（保险公司有选择权，可向甲或者乙主张）

[大前提] 根据《保险法解释（四）》第 7 条的规定："保险人依照保险法第 60 条的规定，主张代位行使被保险人因第三者侵权或者违约等享有的请求赔偿的权利的，人民法院应予支持。"

六、公司涉专利纠纷

问78： 谁是本案所涉专利的专利权人？

[大前提]

1. 根据《专利法》第 6 条第 1、2 款的规定，执行本单位的任务或者主要是利用本单位的物质技术条件所完成的发明创造为职务发明创造。该单位为专利权人。非职务发明创造，该发明人或者设计人为专利权人。

2. 根据《专利法》第 8 条的规定，2 个以上单位或者个人合作完成的发明创造、1 个单位或者个人接受其他单位或者个人委托所完成的发明创造，除另有协议的以外，申请专利的权利属于完成或者共同完成的单位或者个人；申请被批准后，申请的单位或者个人为专利权人。

问79： 萱草公司与 A 公司签订专利实施许可合同后，该专利权被宣告无效（或被采取财产保全措施），会发生何种法律后果？

[大前提]

1. 根据《专利法》第 47 条第 2 款的规定，宣告专利权无效的决定，对在宣告专利权无效前已经履行的专利实施许可合同和专利权转让合同，不具有追溯力。但是因专利权人的恶意给他人造成的损失，应当给予赔偿。

2. 根据《最高人民法院关于审理专利纠纷案件适用法律问题的若干规定》第 9 条第 3 款的规定，专利权人与被许可人已经签订的独占实施许可合同，不影响法院对该专利权进行财产保全。

问80： 被告在答辩期间内请求宣告该项专利权无效的，法院应当如何处理？

[大前提] 根据《最高人民法院关于审理侵犯专利权纠纷案件应用法律若干问题的解释（二）》第2条第1、2款的规定，权利人在专利侵权诉讼中主张的权利要求被国务院专利行政部门宣告无效的，审理侵犯专利权纠纷案件的人民法院可以裁定驳回权利人基于该无效权利要求的起诉。有证据证明宣告上述权利要求无效的决定被生效的行政判决撤销的，权利人可以另行起诉。

问81：在知识产权侵权纠纷中，原告萱草公司请求判令被告 A 公司承担惩罚性赔偿责任，能否得到法院支持？

[对应场景] 被告具有侵害知识产权的故意，如：

1. 被告经原告或者利害关系人通知、警告后，仍继续实施侵权行为的。

2. 被告或其法定代表人、管理人是原告或者利害关系人的法定代表人、管理人、实际控制人的。

3. 被告与原告或者利害关系人之间存在劳动、劳务、合作、许可、经销、代理、代表等关系，且接触过被侵害的知识产权的。

4. 被告与原告或者利害关系人之间有业务往来或者为达成合同等进行过磋商，且接触过被侵害的知识产权的。

5. 被告实施盗版、假冒注册商标行为的。

[大前提]

1. 根据《专利法》第71条第1款的规定，对故意侵犯专利权，情节严重的，可以在按照上述方法确定数额的1倍以上5倍以下确定赔偿数额。所以关键是能否认定侵权人"故意侵害其依法享有的知识产权且情节严重"。

2. 根据《最高人民法院关于审理侵害知识产权民事案件适用惩罚性赔偿的解释》（2021年3月3日实施）第3条第1款的规定，对于侵害知识产权的故意的认定，人民法院应当综合考虑被侵害知识产权客体类型、权利状态和相关产品知名度、被告与原告或者利害关系人之间的关系等因素。

课 后 练 习

练 习 1

[案情] 甲、乙、丙、丁、戊拟共同组建一有限责任性质的饮料公司，注册资本 200 万元。饮料公司成立后经营一直不景气，已欠 A 银行贷款 100 万元未还。经股东会决议，决定把饮料公司唯一盈利的保健品车间分出去，另成立有独立法人资格的保健品厂。

问题：饮料公司设立保健品厂的行为在公司法上属于什么性质的行为？设立后，饮料公司原有的债权债务应如何承担？

✎ **答题区**

```
┌─────────────────────────────────────────────────────┐
│                                                       │
│  ···················································  │
│                                                       │
│  ···················································  │
│                                                       │
└─────────────────────────────────────────────────────┘
```

▶ **答题要点**

（1）属于公司分立的行为。

（大前提）公司分立是指，一个公司分立为多个公司而原公司解散，或者一个公司的一部分业务分立出去成立另一个公司，原公司继续存在的法律行为。

（小前提+结论）本案中，该饮料公司的一部分业务（保健品车间）分立出去成立另一个公司，原饮料公司继续存在，符合"派生分立"的特征。

（2）根据《公司法》第176条的规定，公司分立前的债务由分立后的公司承担连带责任，公司在分立前与债权人达成书面清偿协议另有约定的除外。本案中，饮料公司在分立前并未和A银行有书面约定，故该笔债务应由饮料公司和保健品厂承担连带责任。

练 习 2

[案情]2014年3月，A1装饰公司与甲银行签订100万元贷款合同，现贷款合同逾期，但A1公司不能清偿。现查明，A1、A2、A3三个公司具有股权关系交叉，三公司在同一地址办公、联系电话相同、财务管理人员在一段时期内相同。在经营过程中，A1公司上述贷款被大量投入A3公司的主题公园项目，A1公司大量财产转移至A2公司名下，三个公司还共同为A1公司贷款还本付息。

[改编自中国信达资产管理公司成都办事处与四川泰来装饰工程有限公司、四川泰来房屋开发有限公司、四川泰来娱乐有限责任公司借款担保合同纠纷案，最高人民法院（2008）民二终字第55号]

问题：A1 公司不能清偿时，甲银行可以向谁主张权利？

答题区

（空白答题区）

◤答题要点

甲银行可以向 A1 公司主张，还可以向 A2 公司、A3 公司主张承担连带责任。

（大前提）根据《公司法》第 20 条第 3 款的规定："公司股东滥用公司法人独立地位和股东有限责任，逃避债务，严重损害公司债权人利益的，应当对公司债务承担连带责任。"

（小前提）本案中相关证据足以说明 A1 公司的股东（A2/A3）有滥用"公司法人独立地位"的情形，A1 公司与其股东的财务或者财产混同，符合公司人格否认的要件。

补充：本案判决意见认为："需强调的是，法院在运用这些标准时通常是综合考虑，仅仅单一的因素很难构成人格否认。另外不同的因素在不同的案件中其作用也不尽相同。本案法院认定，装饰公司、房屋公司、娱乐公司在同一地址办公、联系电话相同、财务管理人员在一段时期内相同的情况，也是股东滥用控制权、公司人格混同的表现。……装饰公司无法偿还到期大量债务，损害了贷款人的合法权益，股东以其对公司的控制权，利用公司独立人格来逃避债务，违背了法人制度设立的宗旨，违反了诚实信用和公平原则。"

练　习　3

[**案情**] 2010年6月11日，松江法院作出（2010）松民二（商）初字第275号民事判决，茸城公司应当向沙港公司支付货款以及相应利息损失。判决生效后进入执行程序，因未查实茸城公司可供执行的财产线索，终结执行。茸城公司被注销后，沙港公司申请恢复执行，松江法院裁定恢复执行，并追加茸城公司股东开天公司及7名自然人股东为被执行人，并在各自出资不实范围内向沙港公司承担责任，扣划到开天公司和4个自然人股东款项共计696 505.68元（包括开天公司出资不足的45万元）。2012年7月18日，该院分别立案受理由开天公司提起的两个诉讼：（2012）松民二（商）初字第1436号案和（2012）松民三（民）初字第2084号案，开天公司要求茸城公司8个股东在各自出资不实范围内对茸城公司欠付开天公司借款以及相应利息、房屋租金以及相应逾期付款违约金承担连带清偿责任。该两案判决生效后均进入执行程序。

2013年2月27日，沙港公司收到松江法院执行局送达的《被执行人茸城公司追加股东执行款分配方案表》。分配方案表将上述三案合并，确定执行款696 505.68元在先行发还三案诉讼费用后，余款再按31.825%同比例分配，今后继续执行到款项再行分配处理。沙港公司后向松江法院提交《执行分配方案异议书》，认为开天公司不能就其因出资不到位而被扣划的款项参与分配，且对分配方案未将逾期付款双倍利息纳入执行标的不予认可。开天公司对沙港公司上述执行分配方案异议提出反对意见，要求按原定方案分配。松江法院将此函告沙港公司，2013 年 4 月 27 日，松江法院依法受理原告沙港公司提起的诉讼。

（案例来源：2015 年最高院公布的典型案例）

问题：就以上案情请分析：沙港公司和开天公司对茸城公司的债权，应否得到受偿？其受偿顺序如何？

✏️ **答题区**

▶ 答题要点

沙港公司和茸城公司的债权关系合法有效，应当得到清偿。开天公司虽是茸城公司的大股东，但就案情信息，该笔借款符合《民法典》合同编关于借款合同的规定，应当得到清偿。

受偿顺序方面，开天公司作为茸城公司的股东，滥用股东权利，未足额缴纳出资，既损害了茸城公司的法人财产权，也损害了债权人的利益。在商法实践中，若允许出资不到位的瑕疵股东就其对公司的债权与外部债权人处于同等受偿顺位，既会导致对公司外部债权人不公平的结果，也与公司法对于出资瑕疵股东课以的法律责任相悖。根据公平原则，其债权应当在顺序上劣后于正常交易中的债权人沙港公司。

[**案情**] 2010 年 7 月，当地发生洪水灾害，此时北陵公司的净资产为 120 万元，但尚欠万水公司债务 150 万元一直未还。北陵公司决定向当地的一家慈善机构捐款 100 万元，并与其签订了捐赠合同，但尚未交付。（2010 年真题）

问题：北陵公司与当地慈善机构的捐赠合同是否有效？为什么？万水公司可否请求法院撤销北陵公司的上述行为？为什么？

✎ 答题区

[空白答题区域]

◢ 答题要点

（1）合同有效。

（大前提+结论）因为合同自成立时生效，并且该捐赠合同没有违反法律、行政法规的强制性规定。故合同有效。

（2）万水公司可以请求法院撤销北陵公司的捐赠行为。

（大前提）根据《民法典》第538条的规定，债务人以放弃其债权、放弃债权担保、无偿转让财产等方式无偿处分财产权益，影响债权人的债权实现的，债权人可以请求法院撤销债务人的行为。

（小前提+结论）所以本题北陵公司的捐赠损害了债权人万水公司的利益，万水公司可以主张撤销。

练 习 5

[案情] 鸿捷有限公司成立于2008年3月，公司注册资本为5000万元，股东为甲、乙、丙、丁，持股比例分别为37%、30%、19%、14%。公司在2014年1月8日召开股东大会，讨论如下议案：第一，公司仍增资1000万元；第二，各股东新增出资的缴纳期限为20年。2014年底，受经

济下行形势影响，加之新产品研发失败，鸿捷公司经营陷入困境。至2015年5月，公司已拖欠嵩悠公司设备款债务1000万元，公司账户中的资金已不足以偿付。(2015年真题)

问题：就鸿捷公司不能清偿的1000万元设备款债务，嵩悠公司能否向其各个股东主张补充赔偿责任？为什么？

📝答题区

📑 答题要点

不能。

（大前提）根据公司法原理，在注册资本认缴制下，股东依法享有期限利益。债权人以公司不能清偿到期债务为由，请求未届出资期限的股东在未出资范围内对公司不能清偿的债务承担补充赔偿责任的，人民法院不予支持。

（小前提）本案中，鸿捷公司在 2014 年 1 月 8 日召开股东会作出了"各股东新增出资的缴纳期限为 20 年"的有效决议，那么到 2015 年 5 月，公司不足以偿付嵩悠公司设备款 1000 万元，此时各股东出资期限尚未到期，公司作为独立法人，在未出现股东滥用股东权时，公司就自身债务应当独立担责，不能盲目适用"股东出资加速到期"。

（结论）所以，公司债权人嵩悠公司应当向鸿捷公司主张清偿，不能向各股东主张补充赔偿责任。

提示：本题是 2015 年的考题，当年给出的答案是"股东出资加速到期"，我是依据 2019 年 11 月的《九民纪要》来给出的解析，请同学们以我的答案为准。

练 习 6

[案情] 甲甲与大翔各出资 20 万元共同设立萱草食品贸易公司，由大翔任执行董事并负责公司经营管理。公司产品在当地市场热销，但公司账面亏损严重，成立多年一次也没有分红。甲甲向大翔提议召开一次股东会以解决，大翔以业务太忙为由迟迟未答应开会。甲甲向大翔提出解散公司，但大翔不同意。甲甲决定转让股权，退出公司，但一时未找到受让人。

问题：针对大翔不同意解散公司和甲甲退出公司又找不到受让人的情况，甲甲可采取什么法律对策？

✐ **答题区**

答题要点

甲甲可以请求法院解散公司。

（**大前提**）根据《公司法》第182条的规定，公司经营管理发生严重困难，继续存续会使股东利益受到重大损失，通过其他途径不能解决的，持有公司全部股东表决权10%以上的股东，可以请求人民法院解散公司。

（**小前提+结论**）本案中，公司困境通过其他途径不能解决，并且甲甲持有公司50%的股权，可以请求法院解散公司。

练 习 7

[**案情**] 凯莱公司成立于2002年1月，共有两名股东：林某、戴某，各占50%的股份，戴某任公司法定代表人及执行董事，林某任公司总经理兼公司监事。公司章程规定：股东会的决议须经代表1/2以上表决权的股

东通过，但对公司增加或减少注册资本、合并、解散、变更公司形式、修改公司章程作出决议时，必须经代表2/3以上表决权的股东通过。（双方股东均认可，"以上"不包括本数）

2006年起，林、戴两人之间的矛盾逐渐显现。同年5月9日，林某提议并通知召开股东会，由于戴某认为林某没有召集会议的权利，会议未能召开。同年林某5次委托律师向凯莱公司和戴某发函称，因股东权益受到严重侵害，林某作为享有公司股东会1/2表决权的股东，已按公司章程规定的程序表决并通过了解散凯莱公司的决议，要求戴某提供凯莱公司的财务账册等资料，并对凯莱公司进行清算。同年戴某3次回函称，林某作出的股东会决议没有合法依据，戴某不同意解散公司，并要求林某交出公司财务资料。后林某再次向凯莱公司和戴某发函，要求凯莱公司和戴某提供公司财务账册等供其查阅、分配公司收入、解散公司。

从2006年6月1日至2009年，凯莱公司持续4年未召开过股东会。在纠纷处理中，服装城管委会调解委员会两次组织双方进行调解，但均未成功。

至林某提起诉讼时，凯莱公司及其下属分公司运营状态良好。

（改编自最高人民法院指导案例8号：林方清诉
常熟市凯莱实业有限公司、戴小明公司解散纠纷案）

问题：请根据股东请求解散公司的原理以及有关法律条文分析：林某请求解散凯莱公司的诉讼请求能否得到法院的支持？

✎ **答题区**

答题要点

凯莱公司可经法院判决解散。

（大前提）根据《公司法》第 182 条的规定："公司经营管理发生严重困

难，继续存续会使股东利益受到重大损失，通过其他途径不能解决的，持有公司全部股东表决权10%以上的股东，可以请求人民法院解散公司。"

（小前提）本案中，凯莱公司虽处于盈利状态，但其股东会机制长期失灵，已持续4年未召开股东会，说明股东会机制已经失灵，内部管理有严重障碍。所以虽然尚未出现经营困境，但符合公司僵局的情形。再者，林某持有凯莱公司50%的股份，符合《公司法》关于提起公司解散诉讼的股东须持有公司10%以上股份的条件。

（结论）因此，法院可以依法判决凯莱公司解散。

补充： 该案最大的分歧是凯莱公司及其下属分公司运营状态良好。也就是虽然公司内部矛盾重重，但公司尚未出现资不抵债，未出现不能清偿到期债务的困境。"公司经营管理发生严重困难"能否片面理解为公司资金缺乏、严重亏损等经营性困难？本案凯莱公司已持续4年未召开股东会，股东会机制已经失灵，显然影响公司的运营。所以虽然尚未出现经营困境，但符合公司僵局的情形。

裁判要点如下：《公司法》第182条将"公司经营管理发生严重困难"作为股东提起解散公司之诉的条件之一。判断"公司经营管理是否发生严重困难"，应从公司组织机构的运行状态进行综合分析。公司虽处于盈利状态，但其股东会机制长期失灵，内部管理有严重障碍，已陷入僵局状态，可以认定为公司经营管理发生严重困难。对于符合《公司法》及相关司法解释规定的其他条件的情形，法院可以依法判决公司解散。

练 习 8

[**案情**] 萱草公司被法院受理破产。管理人查明，萱草公司一批100万的办公设备购买自甲公司，双方签订的所有权保留买卖合同约定，设备分3期付款，并约定萱草公司未履行完价款总额75%的，电脑等设备所有权归甲公司。萱草公司付完首付款20%后，其余款项一直拖欠。

问题： 萱草公司被受理破产后，它和甲公司所签的所有权保留买卖合同如何处理?

✎ **答题区**

▶ 答题要点

要分情况处理。

萱草公司和甲公司在合同中约定标的物所有权保留,根据《破产法解释(二)》第34条的规定,该类合同定性为"双方均未履行完毕的合同",决定权归破产管理人。

[情形1] 萱草公司管理人决定继续履行所有权保留买卖合同的,管理人

应当及时向甲公司支付价款或者履行其他义务。若管理人无正当理由未及时支付价款等，甲公司可主张取回标的物。

[情形2] 萱草公司管理人决定解除所有权保留买卖合同的，甲公司可主张取回买卖标的物，但应归还萱草公司所付价款。

练 习 9

[案情] 2008 年金卧牛公司被法院裁定受理破产重整。之后，同年 8 月，金卧牛公司及其管理人与亿商通公司签订了一份协议，约定：亿商通公司借给金卧牛公司 100 万元，金卧牛公司只能把该款用于重整期间继续营业而应支付的劳动报酬、水电、安保和社保等费用以及由此产生的其他费用，不得挪用。还款期限：①在重整期间，金卧牛公司进入正常生产 6 个月后一次性清偿；②若进入破产清算程序，根据《企业破产法》第 42、43 条规定，由金卧牛公司的财产随时清偿。

因金卧牛公司不能执行经批准的重整计划，广东省东莞市中级人民法院于 2009 年 10 月 26 日裁定终止金卧牛公司重整计划的执行，并宣告其破产。

亿商通公司诉至法院请求判令：金卧牛公司偿还借款 100 万及利息（从 2010 年 4 月 8 日起按同期人民银行贷款利率计至付清止），并将上述款项列为金卧牛公司共益债务，由破产财产优先支付。

[改编自（2014）粤高法民二破终字第 2 号]

问题：

1. 2008 年 8 月，金卧牛公司与亿商通公司签订的借款协议是否有效？

2. 亿商通公司出借给金卧牛公司的 100 万元用于重整，该笔借款的性质是破产债权，还是共益债务？

3. 金卧牛公司被宣告破产后，亿商通公司主张的借款利息是否应当得到法院支持？

答题区

答题要点

1. 有效。

（大前提）根据《企业破产法》第 75 条第 2 款的规定："在重整期间，债务人或者管理人为继续营业而借款的，可以为该借款设定担保。"可知，我国允许在受理破产重整后"为继续营业而借款"。

（或答：根据《破产法解释（三）》第 2 条第 1 款的规定："破产申请受理后，经债权人会议决议通过，或者第一次债权人会议召开前经人民法院许可，管理人或者自行管理的债务人可以为债务人继续营业而借款。"）

提示：同学们二选一即可。

（小前提+结论）本案中，金卧牛该笔借款的目的是用于金卧牛公司重整期间的继续经营，没有违反民事行为的效力性强制性规定，故该协议合法有效。

2. 该笔借款属于共益债务。

（大前提）根据《破产法解释（三）》第 2 条第 1 款的规定："破产申请受理后，经债权人会议决议通过，或者第一次债权人会议召开前经人民法院许可，管理人或者自行管理的债务人可以为债务人继续营业而借款。提供借款的债权人主张参照企业破产法第 42 条第 4 项的规定优先于普通破产债权清偿的，人民法院应予支持，但其主张优先于此前已就债务人特定财产享有担保的债权清偿的，人民法院不予支持。"

（小前提+结论）本案中，金卧牛公司及其管理人与亿商通公司签订的新借款协议，时间点是在"破产受理后"，目的是"为了债务人继续营业"。就该笔新借款的性质而言，其系为维护全体权利人和破产财产利益而发生，应当认定为金卧牛公司的共益债务。

3. 该笔借款利息不能得到法院支持。

（大前提）根据《企业破产法》第 46 条第 2 款的规定："附利息的债权自破产申请受理时起停止计息。"

（小前提+结论）因此，亿商通公司向破产的金卧牛公司主张借款利息，缺乏法律依据。

练 习 10

[案情] 丁公司股东为：甲公司、丙公司、贾某，分别持有50%、40%和10%的股权；注册资本为2000万元。

甲公司要求丁公司为其贷款提供担保，在丙公司代表未到会、贾某反对的情况下，丁公司股东会通过了该担保议案。丁公司遂为甲公司从B银行借款500万元提供了连带责任保证担保。

甲公司签发金额为1000万元、到期日为2006年5月30日、付款人为大满公司的汇票一张，向乙公司购买A楼房。甲乙双方同时约定：汇票承兑前，A楼房不过户。

2006年6月5日，丁公司向法院申请破产获受理并被宣告破产。债权申报期间，B银行以丁公司应负担保责任为由申报债权并要求对A楼房行使优先受偿权。同时乙公司就A楼房向清算组申请行使取回权。

问题：

1. B银行的请求是否应当支持？为什么？

2. 乙公司的请求是否应当支持？为什么？

✎ 答题区

 答题要点

1. B银行申报破产债权的申请应当支持，但无权优先受偿。

丁公司违反《公司法》第16条关于关联担保决议机关的规定，构成越权担保。根据《担保制度解释》第17条的规定，主合同有效而第三人提供的担保合同无效，债权人与担保人均有过错的，担保人承担的赔偿责任不应超过债务人不能清偿部分的1/2。所以，丁公司仍要承担赔偿责任，故B银行可申报债权。但该担保是保证担保，B银行不享有担保物权，无权优先受偿。

2. 乙公司的请求应当支持。乙公司仍是A楼房的产权人，故其可依法收回该楼房。

练 习 11

[**案情**] 陈某为自有汽车向华泰保险公司投保机动车辆保险。在保险期间内，该车与李某驾驶车辆发生交通事故，李某负事故全责。事故发生地为北京市朝阳区，被保险车辆所有人陈某的住址为北京市东城区，侵权人李某的住所地为河北省张家口市A区。现华泰保险公司向陈某赔偿保险金1万元后，主张向李某代位求偿。

问题： 华泰保险公司提出的代为求偿权之诉，可以由哪个法院管辖？

✏ **答题区**

▶ **答题要点**

管辖法院应根据陈某与李某之间的法律关系确定，本案可以由北京市朝阳区法院（侵权行为地）或者张家口市 A 区法院（被告住所地）管辖。

练 习 12

[**案情**] 萱草公司和甲安装公司签订承包合同，由甲安装公司负责萱草公司设备的整体搬迁拆装，双方签订《建设工程施工合同》约定 "承包人（甲安装公司）不得将本工程进行分包"。萱草公司就此搬迁向大地保险公司投保 "安装工程一切险"。现在运输萱草公司一台设备时，甲安装公司委托乙运输公司承运，运输途中该设备滑落导致货损 100 万元，经查乙运输公司对该事故负全部责任。

问题： 大地保险公司向萱草公司支付赔偿金后，可以向谁主张代位请求权？

✐ **答题区**

▶ **答题要点**

　　可以向甲公司或者乙公司主张代位求偿权。根据《保险法解释（四）》第 7 条的规定："保险人依照保险法第 60 条的规定，主张代位行使被保险人因第三者侵权或者违约等享有的请求赔偿的权利的，人民法院应予支持。"本案甲公司是违约方，乙公司是侵权方，所以大地保险公司可以有选择权，向甲或者乙公司主张。

　　[案情] 甲公司与锦泰公司签订一份药材购销合同。约定卖方（发货方）锦泰公司向安联保险公司投保，安联保险人出具的保险单上表明货物装载工具是飞机，从广州港口起始空运目的地是 C 国某港口，没有约定可以陆空联运。现锦泰公司改由广州港口汽车运至香港特区，再由香港特区

空运至 C 国，但并未通知安联保险公司。现该批货物在广州出关后路运至香港途中被盗。

问题：就该批货物损失，安联保险公司是否要承担赔偿保险金的责任？

答题区

答题要点

不需要。根据《保险法》第 52 条的规定，保险标的危险程度显著增加的，被保险人应当及时通知保险人。未履行通知义务的，因保险标的的危险程度显著增加而发生的保险事故，保险人不承担赔偿保险金的责任。本案中，锦泰公司擅自改变运输线路和运输方式，符合"保险标的所处环境、使用人或者管理人改变"等"危险程度显著增加"的因素。所以，安联保险公司就该批货损不承担赔偿保险金的责任。

练 习 14

[**案情**] 萱姑虽五音不全，但酷爱唱歌。她上个月购买了全套家庭音响以及卡拉 OK 设备，总价值为 3 万元，萱姑为此购买家财险，保险金额为 1 万元。某日，萱姑邀请好友殷小敏到家小聚唱歌。二人越聊越兴奋，一瓶白酒下肚，殷小敏一时激动控制不住，将酒杯砸向点歌机和电视机，二者的显示屏均破裂。经初步检查，损失约 4000 元。二人达成如下书面协议：萱姑免除殷小敏修理费 1000 元，剩余的 3000 元，萱姑向保险公司索赔。

问题：

1. 就该财产损失，保险公司如何赔偿保险金？

2. 若保险公司向萱姑赔偿保险金后，萱姑随即向殷小敏表示，放弃对其求偿的权利。该放弃效力如何？

✏ **答题区**

▶ 答题要点

1. 保险公司应当向萱姑赔偿保险金 1000 元。本案萱姑放弃的金额为 1000 元，尚有 3000 元没有放弃，所以保险公司针对"放弃 1000 元"不再赔偿，但就"未放弃部分 3000 元"，仍需赔偿。另外，本案保险标的价值为 3 万元，保险金额为 1 万元，属于不足额保险，根据《保险法》第 55 条第 4 款的规定："保险金额低于保险价值的，除合同另有约定外，保险人按照保险金额与保险价值的比例承担赔偿保险金的责任。"所以，保险公司应当赔偿 1000 元（3000 元×1/3）。

2. 萱姑的放弃行为无效。根据《保险法》第 61 条第 2 款的规定，保险人向被保险人赔偿保险金后，被保险人未经保险人同意放弃对第三者请求赔偿的权利的，该行为无效。本题中，保险人自向萱姑赔偿保险金之日起，在赔偿金额范围内代位行使萱姑的求偿权，就该求偿权，萱姑不能够再行放弃。

练　习　15

案情： 甲公司指派员工唐某从事新型灯具的研制开发，唐某于 1999 年 3 月完成了一种新型灯具的开发。甲公司对该灯具的技术采取了保密措施，并于 2000 年 5 月 19 日申请发明专利。2001 年 12 月 1 日，国家专利局公布该发明专利申请，并于 2002 年 8 月 9 日授予甲公司专利权。此前，甲公司与乙公司于 2000 年 7 月签订专利实施许可合同，约定乙公司使用该灯具专利技术 4 年，每年许可使用费 10 万元。

2004 年 3 月，甲公司欲以 80 万元将该专利技术转让给丙公司。唐某、乙公司也想以同等条件购买该专利技术。最终甲公司将该专利出让给了唐某。唐某购得专利后，拟以该灯具专利作价 80 万元作为出资，设立一家注册资本为 300 万元的有限责任公司。

2004 年 12 月，有人向专利复审委员会申请宣告该专利无效，理由是丁公司已于 1999 年 12 月 20 日开始生产相同的灯具并在市场上销售，该发明不具有新颖性。经查，丁公司在获悉甲公司开发出新型灯具后，以不正当手段获取了甲公司的有关技术资料并一直在生产、销售该新型灯具。

(2005 年司考卷四案例分析题)

问题：

1. 甲公司在未获得专利前，与乙公司签订的专利实施许可合同是否有效？如甲乙双方因此合同发生纠纷，应如何适用有关法律？

2. 唐某拟以该专利作价 80 万元设立注册资本为 300 万元的有限责任公司，是否符合法律规定？为什么？

3. 该专利是否应当因为不具有新颖性而被宣告无效？为什么？

4. 对丁公司的违法行为应如何定性？为什么？

✏️ **答题区**

▶ 答题要点

1. 有效。专利申请公布以前，适用技术秘密转让合同的有关规定；专利申请公开以后、授权之前，参照适用专利实施许可合同的有关规定；授权以后，适用专利实施许可合同的有关规定。

2. 设立公司符合法律规定。

3. 不应被宣告无效。根据法律规定，在申请日前 6 个月内，他人未经申请人同意而泄露发明创造内容的，该发明创造并不丧失新颖性。

4. 在该专利申请公布之前，丁公司的行为属于侵犯甲公司商业秘密的不正当竞争行为，因为在专利申请公布前，该技术属于商业秘密；在该技术被授予专利权后，丁公司继续使用该技术的行为属于专利侵权行为，因为丁公司未经专利权人许可，以生产经营为目的制造和销售专利产品，构成专利侵权行为。

提示：预测《专利法》在今年主观题考查中概率较低，本题答案直接是当年官方答案，同学们参考一下即可。

《合伙企业法》涉及的纠纷

[对应场景] 萱草公司股东之一梦某，入伙一个合伙企业 A。如果梦某成为普通合伙人，可结合考查普通合伙企业规则；如果梦某入伙成为有限合伙人，可结合考查有限合伙企业规则。

一、普通合伙企业

问82： A 合伙企业的设立是否符合法律规定？为什么？

提示： 是否有劳务出资，合伙人中是否是国有企业、上市公司、是否是无（限制）民事行为能力人等。

问83： 普通合伙人梦某以 A 合伙企业名义与甲所签订的合同是否有效？为什么？

提示： 梦某是否为"非执行人"，合伙协议是否对合同金额、签约人等有限制、甲是否为"善意"第三人。

问84： 普通合伙人梦某签订的"入伙协议（或退伙协议）"约定，对于入伙前的合伙企业的债务（或退伙前原因发生的合伙企业债务）梦某无需承担责任。现梦某拒绝承担清偿责任的主张是否成立？为什么？

提示：《合伙企业法》第 44 条第 2 款规定："新合伙人对入伙前合伙

企业的债务承担无限连带责任。"《合伙企业法》第53条规定："退伙人对基于其退伙前的原因发生的合伙企业债务，承担无限连带责任。"

问85：合伙人梦某聘用翔叔（非合伙人）担任经营管理人员是否合法？梦某以合伙企业名义提供的担保是否合法？以持有的合伙企业份额设定质押是否有效？

提示：是否经过其他合伙人一致同意。

二、有限合伙企业

问86：有限合伙人萱草公司提出的查账请求是否符合法律的要求？为什么？

提示：考虑是否符合查账前提。《合伙企业法》第68条第2款第5项："对涉及自身利益的情况，查阅有限合伙企业财务会计账簿等财务资料。"

问87：有限合伙人梦某因为个人丧失偿债能力被法院宣告个人破产（或疯傻），A合伙企业以此为由将其除名，是否合法？

提示：因为梦某是有限合伙人，均不得退伙；若梦某死亡，其继承人是否可直接继承有限合伙人资格？

[答] 可以。

问88：有限合伙人梦某以萱草合伙企业的名义与甲公司签订的合同，效力如何？

提示：梦某是否属于"表见普通合伙"。（《合伙企业法》第76条）

问89：有限合伙企业A欲参与B公司的破产重整，成为B公司的重组方，就该事项，A企业应当如何决议？

提示：要区分"有限合伙人""普通合伙人"两类情况。

1. 有限合伙人不执行合伙事务，不得对外代表有限合伙企业，就是否参与重组事项无表决权，但可以"对企业的经营管理提出建议；对涉及自身利益的情况，查阅有限合伙企业财务会计账簿等财务资料"。（《合伙企业法》第68条）

2. 普通合伙人对该事项作出决议，按照合伙协议约定的表决办法办理。合伙协议未约定或者约定不明确的，实行合伙人一人一票并经全体合伙人过半数通过的表决办法。（《合伙企业法》第30条）

笔者在十几年的案例教学中，总结了一套简单易学、行之有效的案例分析训练方法。本书现以 2016 年的考试案例作为分析对象，系统介绍四步训练法：

准确破解问题

快速定位案情

寻找法理依据

规范行文写作

[案情]

美森公司成立于 2009 年，主要经营煤炭。股东是大雅公司以及庄某、石某。章程规定公司的注册资本是 1000 万元，三个股东的持股比例是 5∶3∶2；各股东应当在公司成立时一次性缴清全部出资。大雅公司将之前归其所有的某公司的净资产经会计师事务所评估后作价 500 万元用于出资，这部分资产实际交付给美森公司使用；庄某和石某以货币出资，公司成立时庄某实际支付了 100 万元，石某实际支付了 50 万元。

大雅公司委派白某担任美森公司的董事长兼法定代表人。2010 年，赵某欲入股美森公司，白某、庄某和石某一致表示同意，于是赵某以现金出资 50 万元，公司出具了收款收据，但未办理股东变更登记。赵某还领取了 2010 年和 2011 年的红利共 10 万元，也参加了公司的股东会。

2012 年开始，公司经营逐渐陷入困境。庄某将其在美森公司中的股权转让给了其妻弟杜某。此时，赵某提出美森公司未将其登记为股东，所以自己的 50 万元当时是借款给美森公司的。白某称美森公司无钱可还，还告诉赵某，为维持公司的经营，公司已经向甲、乙公司分别借款 60 万元和 40 万元；向大雅公司借款 500 万元。

2013 年 11 月，大雅公司指示白某将原出资的资产中价值较大的部分逐渐转入另一子公司美阳公司。对此，杜某、石某和赵某均不知情。

此时，甲公司和乙公司起诉了美森公司，要求其返还借款及相应利息。大雅公司也主张自己曾借款 500 万元给美森公司，要求其偿还。赵某、杜某及石某闻讯后也认为利益受损，要求美森公司返还出资或借款。

（2016 年司考卷四案例分析题）

问题：

1. 应如何评价美森公司成立时三个股东的出资行为及其法律效果？

2. 赵某与美森公司是什么法律关系？为什么？

3. 庄某是否可将其在美森公司中的股权进行转让？为什么？这种转让的法律后果是什么？

4. 大雅公司让白某将原来用作出资的资产转移给美阳公司的行为是否合法？为什么？

5. 甲公司和乙公司对美森公司的债权，以及大雅公司对美森公司的债权，应否得到受偿？其受偿顺序如何？

6. 赵某、杜某和石某的请求及理由是否成立？他们应当如何主张自己的权利？

▶ 法律关系图解

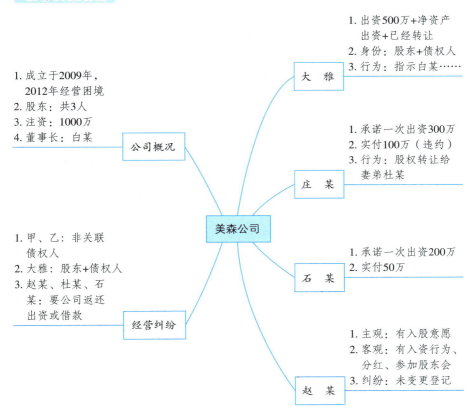

公司概况
1. 成立于2009年，2012年经营困境
2. 股东：共3人
3. 注资：1000万
4. 董事长：白某

经营纠纷
1. 甲、乙：非关联债权人
2. 大雅：股东+债权人
3. 赵某、杜某、石某：要公司返还出资或借款

美森公司

大雅
1. 出资500万+净资产出资+已经转让
2. 身份：股东+债权人
3. 行为：指示白某……

庄某
1. 承诺一次出资300万
2. 实付100万（违约）
3. 行为：股权转让给妻弟杜某

石某
1. 承诺一次出资200万
2. 实付50万

赵某
1. 主观：有入股意愿
2. 客观：有入资行为、分红、参加股东会
3. 纠纷：未变更登记

第一步训练 提炼案情关键信息

[训练目标]

培养学生捕捉案情信息的敏锐性，从而快速提取有效信息，排除大量干扰文字，去伪存真，去粗取精。要求在不看问题的前提下，学生仅凭阅读案情信息，即可尽可能地联系到相关知识点。

[案情]

1. 美森公司成立于 2009 年，主要经营煤炭。股东是大雅公司以及庄某、石某。章程规定公司的注册资本是 1000 万元，三个股东的持股比例是 5：3：2；各股东应当在公司成立时一次性缴清全部出资。大雅公司将之前归其所有的某公司的净资产经会计师事务所评估后作价 500 万元用于出资，这部分资产实际交付给美森公司使用；庄某和石某以货币出资，公司成立时庄某实际支付了 100 万元，石某实际支付了 50 万元。

- 看见数字，要具体化，计算出对应的钱数
- 注意！一次缴清
- 净资产（考虑禁止出资的情况，是否属于禁止出资之列）
- 计算出2人实缴资金（不足）

2. 大雅公司委派白某担任美森公司的董事长兼法定代表人。2010 年，赵某欲入股美森公司，白某、庄某和石某一致表示同意，于是赵某以现金出资 50 万元，公司出具了收款收据，但未办理股东变更登记。赵某还领取了 2010 年和 2011 年的红利共 10 万元，也参加了公司的股东会。

- "欲入股"→主观意愿
- "出资、红利、参加股东会"→客观行为
- 未办理变更登记→不对抗

3. 2012 年开始，公司经营逐渐陷入困境。庄某将其在美森公司中的股权转让给了其妻弟杜某。此时，赵某提出美森公司未将其登记为股东，所以自己的 50 万元当时是借款给美森公司的。白某称美森公司无钱可还，还告诉赵某，为维持公司的经营，公司已经向甲、乙公司分别借款 60 万元和 40 万元；向大雅公司借款 500 万元。

- 庄某出资瑕疵，杜某是受让人
- 分析法律关系：股权，还是债权？

4. 2013 年 11 月，大雅公司指示白某将原

- 分析行为定性

出资的资产中价值较大的部分逐渐转入另一子公司美阳公司。对此，杜某、石某和赵某均不知情。

5. 此时，甲公司和乙公司起诉了美森公司，要求其返还借款及相应利息。大雅公司也主张自己曾借款500万元给美森公司，要求其偿还。赵某、杜某及石某闻讯后也认为利益受损，要求美森公司返还出资或借款。

- [法律关系1] 甲乙 VS 美森
- [法律关系2] 大雅 VS 美森
- [法律关系3] 赵某 VS 美森
- [法律关系4] 杜某 VS 美森：借款
- [法律关系5] 杜某/石某 VS 美森：返还出资

第二步训练　从问题到对应案情
（目的仅仅是找到该问题对应的案情位置）

```
1 找                    2 回                   3 分析
（问题关键词）  →  （回到对应案情）  →  （法律关系；双方纠纷）
```

[训练目标]

学生掌握寻找"问题中的关键词"的方法，并能将该"关键词"在案情中"精准定位"，避免盲目满篇找对应点，以达到节约时间的效果。主要方法为"关键词对应法"。

◆ [第1步] 问题中的"关键词"一般是：名词、人名、数字、日期。

◆ [第2步] "案情"和"问题"大多数是"顺序"，较少出现"乱序"情况。但复杂案情，在最后部分会出现各方争论意见。强调！此时不要被最后的争论所迷惑，在寻找对应顺序时，不要考虑最后的争论。

[案情]

美森公司成立于 2009 年，主要经营煤炭。股东是大雅公司以及庄某、石某。章程规定公司的注册资本是 1000 万元，三个股东的持股比例是 5:3:2；各股东应当在公司成立时一次性缴清全部出资。大雅公司将之前归其所有的某公司的净资产经会计师事务所评估后作价 500 万元用于出资，这部分资产实际交付给美森公司使用；庄某和石某以货币出资，公司成立时庄某实际支付了 100 万元，石某实际支付了 50 万元。

大雅公司委派白某担任美森公司的董事长兼法定代表人。2010 年，赵某欲入股美森公司，白某、庄某和石某一致表示同意，于是赵某以现金出资 50 万元，公司出具了收款收据，但未办理股东变更登记。赵某还领取了 2010 年和 2011 年的红利共 10 万元，也参加了公司的股东会。

2012 年开始，公司经营逐渐陷入困境。庄某将其在美森公司中的股权转让给了其妻弟杜某。此时，赵某提出美森公司未将其登记为股东，所以自己的 50 万元当时是借款给美森公司的。白某称美森公司无钱可还，还告诉赵某，为维持公司的经营，公司已经向甲、乙公司分别借款 60 万元和 40 万元；向大雅公司借款 500 万元。

2013 年 11 月，大雅公司指示白某将原出资的资产中价值较大的部分逐渐转入另一子公司美阳公司。对此，杜某、石某和赵某均不知情。

【问题】

- 1. 应如何评价美森公司成立时三个股东的出资行为及其法律效果？

- 2. 赵某与美森公司是什么法律关系？为什么？

- 3. 庄某是否可将其在美森公司中的股权进行转让？为什么？这种转让的法律后果是什么？

- 4. 甲公司和乙公司对美森公司的债权，以及大雅公司对美森公司的债权，应否得到受偿？其受偿顺序如何？

- 5. 大雅公司让白某将原来用作出资的资产转移给美阳公司的行为是否合法？为什么？

此时，甲公司和乙公司起诉了美森公司，要求其返还借款及相应利息。大雅公司也主张自己曾借款 500 万元给美森公司，要求其偿还。赵某、杜某及石某闻讯后也认为利益受损，要求美森公司返还出资或借款。

> ● 6. 赵某、杜某和石某的请求及理由是否成立？他们应当如何主张自己的权利？

第三步训练　如何找到法条？

[训练目标]

学生能判断出"行为是否合法"，并能找到"对应的法律规范"，这是整个思考过程的难点。需要个案分析，可综合运用"法律关系分析法""倒推法"等全盘考虑案情，并且要找到正确的法律规范。

[分析]

评价"三个股东的出资行为"，要求应当对每一个股东分别分析。切忌笼统。（同学们注意！该部分只需在草稿纸中列要点，不需要详细写出）

[示范]

1. 大雅公司：依据持股比例应一次性缴清 500 万元。分析难点是"净资产是否可以出资"？可以考虑的角度：

（1）法律明确规定只有"劳务、信用、自然人姓名、特许经营权……"不得作价出资，法律并不禁止以"净资产"出资，依据"法无明文规定即自由"，可知净资产出资是合法的；

（2）案情很明确告知"经会计师事务所评估；作价 500 万元；已经实际交付"，这些信息符合"非货币财产"出资的判断，即非货币财产符合"可以评估作价并可依法转让的，可以出资"的规定。

综上理由，可判断大雅公司出资无瑕疵。

2. 庄某：依据持股比例，应一次性缴清 300 万元。但其实际支付了

100万元。可判断是"货币未足额缴付"的出资违约情形。

3. 石某：依据持股比例，应一次性缴清200万元。但其实际支付了50万元，也构成出资违约。

第四步训练　如何规范写出答案？

（分析对象：2016年真题）

[训练目标]

学生掌握不同类型问题的答题方法。一个总的原则是，应掌握"从抽象到具体"的演绎推理的过程，训练熟练运用"三段论"的推理过程。

◆ 首先，根据事实找法条，要训练学生在短时间内从法规汇编中"找到相应的法律规范"的能力。（即"大前提"）

◆ 其次，要训练学生从本案实际案情出发分析，确定恰当的分析文本，不能离题万里。（即"小前提"）

◆ 最后，训练学生掌握基本的论证过程，寻找合适的论据材料。（如法律原则、法律规范、商事惯例、民法基本原则）

[答题模板]

问：应如何评价美森公司成立时三个股东的出资行为及其法律效果？

[写作步骤]

◆ ［第1步］ 确定"评析对象"。

◆ ［第2步］ 写明自己的观点。

◆ ［第3步］ 运用"三段论"，完成"从抽象到具体"的演绎推理过程。

官答

大雅公司以先前归其所有的某公司的净资产出资，净资产尽管没有在我国《公司法》中规定为出资形式，但公司实践中运用较多，并且案情中显示，一方面这些净资产本来归大雅公司，且经过了会计师事务所的评估作价，在出资程序方面与实物等非货币形式的出资相似，另一方面这些净资产已经由美森公司实际占有和使用，即完成了交付。《公司法解释（三）》第9条也有"非货币财产出资，未依法评估作价"的规定。所以，应当认为大雅公司履行了自己的出资义务。庄某按章程应当以现金300万元出资，仅出

鄢答

依案情，大雅公司以净资产估价500万元出资并实际交付给美森公司使用，该出资合法有效。根据《公司法》第27条第1款的规定，股东可以用货币估价并可以依法转让的非货币财产作价出资。本案案情显示，用于设立美森公司的这些净资产本来归大雅公司，经过了会计师事务所的评估作价，且该笔净资产已经实际交付予美森公司。所以，应当认为大雅公司履行了自己的出资义务。

庄某按章程应当以现金300万元出资，仅出资100万元；石某按章程应当出资200万元，仅出资50万元。二人均没有完全履行自己的出资义务。根据

评价对象+亮明观点

大前提

小前提

前后呼应

评价对象+亮明观点

资 100 万元；石某按章程应当出资 200 万元，仅出资 50 万元，所以两位自然人股东没有完全履行自己的出资义务，应当承担继续履行出资的义务及违约责任。

《公司法》第 28 条第 2 款的规定："股东不按照前款规定缴纳出资的，除应当向公司足额缴纳外，还应当向已按期足额缴纳出资的股东承担违约责任。"所以，二人应当承担继续履行出资的义务及违约责任。

> 大前提

> 此处小前提，可有可无，因为前已述及

◤ 答题要点

1. 应如何评价美森公司成立时三个股东的出资行为及其法律效果？

官 答	大雅公司以先前归其所有的某公司的净资产出资，净资产尽管没有在我国《公司法》中规定为出资形式，但公司实践中运用较多，并且案情中显示，一方面这些净资产本来归大雅公司，且经过了会计师事务所的评估作价，在出资程序方面与实物等非货币形式的出资相似；另一方面这些净资产已经由美森公司实际占有和使用，即完成了交付。《公司法解释（三）》第 9 条也有"非货币财产出资，未依法评估作价……对该财产评估作价"的规定。所以，应当认为大雅公司履行了自己的出资义务。庄某按章程应当以现金 300 万出资，仅出资 100 万；石某按章程应当出资 200 万，仅出资 50 万，所以两位自然人股东没有完全履行自己的出资义务，应当承担继续履行出资义务及违约责任。
鄢 答	（1）大雅公司以净资产估价 500 万元出资并实际交付给美森公司使用，该出资合法有效。 （大前提）根据《公司法》第 27 条的规定，股东可以用货币估价并可以依法转让的非货币财产作价出资。 （小前提）本案案情显示，用于设立美森公司的这些净资产本来归大雅公司，经过了会计师事务所的评估作价，且该笔净资产已经实际交付美森公司。

鄢　答	（结论）所以，应当认为大雅公司履行了自己的出资义务。 （2）庄某按章程应当以现金300万出资，仅出资100万；石某按章程应当出资200万，仅出资50万。二人均没有完全履行自己的出资义务。 （大前提）《公司法》第28条第2款规定："股东不按照前款规定缴纳出资的，除应当向公司足额缴纳外，还应当向已按期足额缴纳出资的股东承担违约责任。" （结论）所以二人应当承担继续履行出资义务及违约责任。

2. 赵某与美森公司是什么法律关系？为什么？

官　答	投资与借贷是不同的法律关系。赵某自己主张是借贷关系中的债权人，但依据《公司法解释（三）》第23条的规定，赵某虽然没有被登记为股东，但是他在2010年时出于自己的真实意思表示，愿意出资成为股东，其他股东及股东代表均同意，并且赵某实际交付了50万元出资，参与了分红及公司的经营，这些行为均非债权人可为，所以赵某具备实际出资人的地位，在公司内部也享有实际出资人的权利。此外从民商法的诚信原则考虑也应认可赵某为实际出资人或实际股东而非债权人。
鄢　答	赵某与美森公司是股权法律关系，赵某是美森公司的股东。 （大前提）依据《公司法解释（三）》第22、23条的规定，当事人之间对股权归属发生争议，一方请求法院确认其享有股权的，应当证明"已经依法向公司出资或者认缴出资且不违反法律法规强制性规定"；并且公司未依相关规定签发出资证明书、记载于股东名册并办理公司登记机关登记，当事人可请求公司履行上述义务。 （小前提）本案中，赵某虽然没有被登记为股东，但是他在2010年时出于自己的真实意思表示，愿意出资成为股东，其他股东及股东代表均同意，并且赵某实际交付了50万元出资，参与了分红及公司的经营，这些行为均非债权人可为。 （结论）所以，赵某是美森公司的股东。

3. 庄某是否可将其在美森公司中的股权进行转让？为什么？这种转让的法律后果是什么？

官 答	尽管庄某没有全面履行自己的出资义务，但其股权也是可以转让的。受让人是其妻弟，按生活经验应当推定杜某是知情的。我国《公司法解释（三）》第18条已经认可了瑕疵出资股权的可转让性；这种转让的法律后果就是如果受让人知道，转让人和受让人对公司以及债权人要承担连带责任，受让人再向转让人进行追偿。
鄂 答	庄某可以转让股权。法律后果是庄某和杜某对美森公司以及债权人承担连带责任，杜某承担责任后有权向庄某追偿。 （大前提）根据《公司法解释（三）》第18条可知，瑕疵出资股权可转让，若受让人明知，公司可请求该股东履行出资义务，受让人对此承担连带责任。所以法律不禁止出资瑕疵股权的转让。 （小前提）本案中，尽管庄某没有全面履行自己的出资义务，但其股权也是可以转让的。受让人是其妻弟，按生活经验应当推定杜某是知情的。 （结论）所以，庄某和杜某对美森公司以及债权人承担连带责任，杜某承担责任后有权向庄某追偿。

4. 大雅公司让白某将原来用作出资的资产转移给美阳公司的行为是否合法？为什么？

官 答	公司具有独立人格，公司财产是其人格的基础。出资后的资产属于公司而非股东所有，故大雅公司无权将公司资产转移，该行为损害了公司的责任财产，侵害了美森公司、美森公司股东（杜某和石某）的利益，也侵害了甲、乙这些债权人的利益。
鄂 答	不合法。 （大前提）根据《公司法》第3条第1款的规定，公司是企业法人，有独立的法人财产，享有法人财产权。所以，公司财产是公司人格的基础。出资后的资产属于公司而非股东所有，《公司法》第35条规定："公司成立后，股东不得抽逃出资。"

鄢　答	（小前提）本案中，大雅公司将公司资产转移，该行为既损害了公司的责任财产，侵害了美森公司、美森公司股东（杜某和石某）的利益，也侵害了甲、乙这些债权人的利益。 （结论）所以，大雅公司将出资转移的行为不合法。

5. 甲公司和乙公司对美森公司的债权，以及大雅公司对美森公司的债权，应否得到受偿？其受偿顺序如何？

官　答	甲公司和乙公司是普通债权，应当得到受偿。大雅公司是美森公司的大股东，我国《公司法》并未禁止公司与其股东之间的交易，只是规定关联交易不得损害公司和债权人的利益，因此借款本身是可以的，只要是真实的借款，也是有效的。所以大雅公司的债权也应当得到清偿。 在受偿顺序方面： ［答案一］作为股东（母公司）损害了美森公司的独立人格，也损害了债权人的利益，其债权应当在顺序上劣后于正常交易中的债权人甲和乙，这是深石原则的运用。 ［答案二］根据民法公平原则，大雅公司的债权在顺序方面劣后于甲、乙公司。 ［答案三］按债权的平等性，他们的债权平等受偿。
鄢　答	甲公司和乙公司是普通债权，应当得到受偿。大雅公司与美森公司之间的借款真实有效，所以大雅公司的债权也应当得到清偿。在受偿顺序方面，大雅公司的债权应当在顺序上劣后于正常交易中的债权人甲和乙。 （大前提）为解决关联债权与外部债权的清偿顺序，美国法院通过判例确立了"深石原则"：法院认为深石公司在成立之初即资本不足，且其业务经营完全受被告公司所控制，经营方式主要是为了被告的利益，因此，判决被告对深石公司的债权应次于（滞后于）深石公司其他债权受清偿。此即"衡平居次原则"。 （小前提）本案中，美森公司共有3个债权人：甲公司、乙公司、大雅

续表

鄢 答	公司。其一，美森公司向甲、乙公司分别借款 60 万元和 40 万元；其二，美森公司向大雅公司借款 500 万元，同时大雅公司将其原出资的资产中价值较大的部分转出，该行为损害了美森公司的利益。 （结论）所以，在受偿顺序方面，大雅公司作为股东（母公司）损害了美森公司的独立人格，也损害了债权人的利益，其债权应当在顺序上劣后于正常交易中的债权人甲和乙，这是深石原则的运用。 （提示：在开放式答案中，我建议在考试时同学们选取一个答题思路，表达清晰就可以了）

6. 赵某、杜某和石某的请求及理由是否成立？他们应当如何主张自己的权利？

官 答	（1）赵某和杜某、石某的请求不成立。赵某是实际出资人或实际股东，杜某和石某是股东。基于公司资本维持原则，股东不得要求退股，故其不得要求返还出资。 （2）大雅公司作为大股东转移资产的行为损害了公司的利益，也就损害了股东的利益，因此他们可以向大雅公司提出赔偿请求。同时，白某作为公司的高级管理人员其行为也损害了股东利益，他们也可以起诉白某请求其承担赔偿责任。
鄢 答	（1）赵某和杜某、石某的请求以及理由均不成立。 （大前提）基于公司资本维持原则，股东不得要求退股，故其不得要求返还出资。 （小前提）基于前述分析可知，赵某是公司股东，杜某因受让股权也为公司股东，石某的股东身份明确清晰。 （结论）所以，三人均为股东，其不得要求美森公司返还出资。 （2）赵某、杜某、石某可以向大雅公司和白某主张赔偿责任。 （大前提）根据《公司法》第 20 条第 2 款的规定："公司股东滥用股东权利给公司或者其他股东造成损失的，应当依法承担赔偿责任。"

续表

鄢 答	（小前提）本案中，大雅公司作为大股东转移资产的行为损害了公司的利益，也就损害了股东的利益。同时，白某作为公司的高级管理人员，其行为也损害了股东利益。 （结论）所以，赵某、杜某、石某可以向大雅公司提出赔偿请求，也可以起诉白某请求其承担赔偿责任。 （提示：本题我是分开写答案的，因为题干问了两个问题："①请求及理由是否成立？②如何主张自己的权利？"建议同学们在训练初期，也像我一样老老实实地分开写，等到熟练后，可向官方答案一样自由发挥。）

附 录 APPENDIX

总结 1：破产程序与民事诉讼程序的衔接

保全措施	有关债务人财产的保全措施（冻结、扣押、查封）应当解除，执行程序应当中止。	《企业破产法》第 19 条
诉　讼	1. 破产程序开始后，有关债务人的民事诉讼，只能向受理破产申请的法院提起。 2. 已经开始而尚未终结的有关债务人的民事诉讼或者仲裁应当中止；在管理人接管债务人的财产后，该诉讼或者仲裁继续进行。	《企业破产法》第 20、21 条
仲　裁	债务人、债权人对债权表记载的债权有异议的……异议人应当在债权人会议核查结束后 15 日内向人民法院提起债权确认的诉讼。当事人之间在破产申请受理前订立有仲裁条款或仲裁协议的，应当向选定的仲裁机构申请确认债权债务关系。	《破产法解释（三）》第 8 条
执行程序→破产	1. 人民法院裁定受理破产申请的，此前债务人尚未支付的公司强制清算费用、未终结的执行程序中产生的评估费、公告费、保管费等执行费用，可以参照企业破产法关于破产费用的规定，由债务人财产随时清偿。 2. 此前债务人尚未支付的案件受理费、执行申请费，可以作为破产债权清偿。	《破产法解释（三）》第 1 条

总结 2：公司股东诉讼

案　由	原　告	被　告	法　条
股东资格	当事人（含：代持股、一股二卖、股东资格确认等类型）。	1. 公司。 2. 与案件争议股权有利害关系的人作为第三人参加诉讼。	《公司法解释（三）》第21条
撤销决议之诉	请求撤销股东会决议的原告，应当在起诉时具有公司股东资格。	1. 公司为被告。 2. 对决议涉及的其他利害关系人，可以依法列为第三人。	《公司法》第22条 《公司法解释（四）》第2、3条
分红权之诉	1. 原告—股东。 2. 其他股东→（在一审法庭辩论结束前）：①以相同的诉讼请求→列为共同原告；②不同意诉讼请求→列为第三人。 3. 未参加诉讼股东→法院驳回股东诉讼请求后，未参加诉讼的股东以相同的诉讼请求、事实和理由另行起诉的，不予受理。	公司为被告。	《公司法》第34条 《公司法解释（四）》第13条

续表

案　由	原　告	被　告	法　条
股东代表诉讼	监事会接受→公司为原告，监事会主席（或监事）代表公司进行诉讼。	被告—侵权人（董高）。	《公司法》第151条《公司法解释（四）》第23、24条
	董事会接受→公司为原告，董事长（执董）代表公司进行诉讼。	被告—侵权人（监事）。	
	拒绝→股东为原告。	1. 被告—侵权人。 2. 公司—第三人。	
解散公司诉讼	1. 原告：单独或合计持有公司全部股东表决权10%以上的股东。 2. 其他股东可以申请以共同原告或第三人身份参加诉讼。	1. 公司为被告。 2. 原告以其他股东为被告一并提起诉讼的，法院应当告知原告将其他股东变更为第三人。 3. 原告坚持不予变更的，法院应当驳回原告对其他股东的起诉。	《公司法》第182条《公司法解释（二）》第2~6条
股权收购	原告—异议股东。	被告—公司。	《公司法》第74条（55合分转……）

声　　明　　1. 版权所有，侵权必究。

2. 如有缺页、倒装问题，由出版社负责退换。

图书在版编目（ＣＩＰ）数据

鄢梦萱讲商法/鄢梦萱编著. —北京：中国政法大学出版社，2021.8
（主观题冲刺一本通）
ISBN 978-7-5764-0030-4

Ⅰ.①鄢… Ⅱ.①鄢… Ⅲ.①商法－中国－资格考试－自学参考资料 Ⅳ.①D923.99

中国版本图书馆 CIP 数据核字(2021)第 173288 号

出　版　者	中国政法大学出版社
地　　　址	北京市海淀区西土城路 25 号
邮寄地址	北京 100088 信箱 8034 分箱　　邮编 100088
网　　　址	http://www.cuplpress.com (网络实名：中国政法大学出版社)
电　　　话	010-58908285(总编室) 58908433 （编辑部） 58908334(邮购部)
承　　印	北京铭传印刷有限公司
开　　本	720mm×960mm　　1/16
印　　张	9.5
字　　数	160 千字
版　　次	2021 年 8 月第 1 版
印　　次	2021 年 8 月第 1 次印刷
定　　价	43.00 元

厚大法考（西安）2021 年主观题面授教学计划

班次名称	授课方式	授课模式	授课时间	标准学费（元）	阶段优惠(元)			备注
					7.10 前	8.10 前	9.10 前	
主观特训 A 班	视频+面授	全日制	8.15~10.13	22800	协议班次无优惠，签订协议；不过退13800 元，专属辅导、小班批阅。			配备本班次配套图书及随堂内部资料
主观特训 B 班	视频+面授	全日制	8.15~10.13	22800	10880	11380	11880	
主观短训 A 班	视频+面授	全日制	9.15~10.13	16800	协议班次无优惠，签订协议；不过退10000 元，专属辅导、小班批阅。			
主观短训 B 班	视频+面授	全日制	9.15~10.13	19800	9880	10380	10880	
主观决胜班	面授	全日制	10.1~10.13	12800	6380	6880	7380	
主观冲刺密训	面授	全日制	10.1~10.7	9800	4580	5080	5880	

其他优惠：

1. 多人报名可在优惠价格基础上再享团报优惠：3 人（含）以上报名，每人优惠 180 元；5 人（含）以上报名，每人优惠 280 元；8 人（含）以上报名，每人优惠 380 元。

2. 厚大面授老学员在阶段优惠基础上再优惠 500 元，不再享受其他优惠；冲刺班和协议班除外。

【西安分校】 西安市雁塔区西北政法大学北校区对面丽融大厦 A 座 1802 室

联系方式：18691857706 李老师　18838987971 刘老师　18636652560 李老师　13891432202 王老师（微信同号）　QQ 群：534251171

厚大法考 APP　　　　厚大法考官博　　　　西安厚大官博　　　　西安厚大官微